AMADA POR AMOR

“Emocionado por el viaje de Maritza con el Señor para ayudarte a impulsarte más en el tuyo. Nosotros hemos presenciado personalmente su amor por Jesús y para los que la rodean. Deja el testimonio de Jesús en su vida sea multiplicado en el suyo.”
- Aaron and Beth Packard, Firestorm International
(Tormenta de Fuego Internacional)

“Maritza escribe sobre los desafíos que muchos de nosotros enfrentamos en la vida. Ella es audaz para resolver estos soluciones aparentemente simples como comandos de la Biblia que la mayoría de las personas tienen dificultad para comprender. Ella te llevará en un viaje del campo de batalla dentro de su mente y su vida para descubrir dónde está la solución. Me encanta la transparencia de Maritza's y su disposición para compartir sus problemas más profundos para ayudarnos a TODOS a experimentar libertad. Dios quiere que vivamos libre, y el tema de este libro te ayudara a lograrlo.”
- Bob Donnelly, Tetelestai Ministries
(El Trabajo está Completo Ministerio)

Nosotros tenemos una vida para vivir y vivir la al máximo. Todos estamos en un viaje de descubrimiento y crecimiento. Mientras que el viaje de Maritza es especifico a ella, esta cruda colección dé el testimonio de su vida, usted vera lo que realmente parece crecimiento, fuerza, realización en confiar en la verdad. Una vez que leas esto, usted también verá que todos estamos enfrentados con diferentes desafíos y obstáculos, sin embargo, es nuestra elección someterse a Dios, resistir al enemigo y entonces él enemigo huirá. De ahí nos acercamos cerca de Dios, y Él se acercará a nosotros y hace que el proceso de sanación ser mucho más dulce. Es en estos momentos que nuestros sistemas de creencias son reforzados, reformados, o afilados. Santiago 4:7-8 afirma "Así que humíllense delante de Dios. Resistan al diablo, y el huirá de ustedes. Acérquense a Dios, y Dios se acercará a ustedes. Lávense las manos, pecadores; purifiquen su corazón, porque su lealtad está dividida entre Dios y el mundo."

- Kimberly Ennis, Pastor/Director Roar House Ministry and Healing Rooms
(Pastora/Directora Casa Rugido Ministerio y Cuartos de Sanación)

ISBN: 9798986306216

Spanish Edition First Printing, 2022
Edición Español Imprenta, 2022

Amada Por Amor

Cómo El Amor Restaura Un Corazón

MARITZA BARRON

Dale Colón

Maritza Barron

Me gustaría dedicar este libro a El Dios de Amor; Padre, Hijo, y el Espíritu Santo Gracias por amar me, persigue me, y haciéndome tuya. Tu Amor es la vida misma para mí. Te Amo.

Agradecimientos

Me gustaría reconocer a los que han alentado y creyeron en mí. Tracy Taylor y Vanessa Sanchez, gracias por su paciencia y creer en mí. Beth Packard, Gracias por dejar me llamarte, textarte, e ir a ti para oraciones y ánimo. Antoinette, gracias por tu ayuda. Habían otros y saben exactamente quiénes son. Yo realmente aprecio a cada uno de ustedes. Sin ustedes, puede que nunca haya sacado esto.

Quiero agradecer a Dale Colon por su ayuda por interpretar este libro, por tu "si" muchos hispanohablantes podrán leer este libro sobre el amor de Dios!

Contents

Prólogo

Por Scott McNamara

La firma de este libro es esperanza.

Con sincera vulnerabilidad, Maritza escribe desde el corazón valientemente, sin temor de volver a visitar algunas de sus más personales y experiencias dolorosas para permitir que el lector enquentre la curación de su propia desesperación. Ella entreteje su propia historia, fuertemente sostenido por la fuerza de las escrituras para proporcionar maravillosamente una solución y salida en cualquiera de esos problemas en cada coyuntura.

Revelando claramente que el amor, específicamente el amor de Dios por nosotros, es el antídoto divino a nuestros corazones envenenados.

La mano del amor de Dios no conoce limitaciones independientemente de la gravedad por lo que hemos sido estropeados. Él es el alfarero que puede arreglar y reconstruir incluso la peor agrietada vasija rota.

Scott McNamara, Fundador de Jesus at the Door

Introduccíon

¿Hace el amor conquistar todo? ¿Hace el amor vencer la maldad? ¿Es el amor real? ¿Pueda qué exista?

Me encontré vocalizando estas preguntas mientras que estaba en mi cuarto, mis ojos hinchados de lagrimas. Yo tenia un deseo profundo ver que todo gira de lo malo a bueno en mi vida, y ver mi vida aguantar significado en este mundo. Yo necesitaba saber que el amor verdaderamente existía y que mi vida, le importaba a alguien, pero me sentía tan perdida y no deseada.

Aquí estaba, sintiéndome sin esperanza, pequeña, y abandonada en ese día que llore ase afuera, estas preguntas del fundo de mi ser. ¿Alguna ves se hace sentido así, también?

Yo deseaba saber si yo tenia importancia, que alguien me amaba. Yo deseaba ser amada y sentir ser amada; y experimentar amor real.

Era el punto exacto que yo alcance en ese día de Septiembre 2015. Es cuando comenzó la búsqueda de mis contestas, y lo que empezó mi camino de fe, y mi historia de amor.

Vea, yo crecí creyendo en que Dios existía, pero sin conocer quién era este Dios o como real verdaderamente era Él. Estas preguntas salían de un lugar muy profundo del el núcleo de mi ser, y Dios fue tan fiel en contestar me. Él me llevo en esta expedición que voy a empezar a compartir con usted. Es una expedición de encontrar lo que era el amor real, o quien era amor en realidad.

Es una historia en lo que el amor puede hacer. Y cómo el amor puede tomar un corazón herido por pérdida, dolor, herida, trauma, y circunstancias en esta batalla que llamamos 'vida' y restaurar la.

En esencia es una historia de un corazón restaurado a vida, lleno de esperanza, gozo y maravilla.

Si usted se encuentra en ese lugar adonde yo estuve en ese día, y se pregunta estas preguntas cómo las mías. Le invito que continue leyendo. Sí se siente sin esperanza, pequeño, y abandonado esta historia es para usted. Si batallas con con amargura, ira, y frustración, esto es para usted. Si se siente perdido, no amado, no deseado, rechazado, con temor, solo, sin valor, decepcionado al punto de desear la muerte, esto es para usted. Yo le ANIMO que gira la pagina y siga leyendo. El amor lo llama.

Chapter I

Así Comienza

"Ustedes se propusieron hacerme mal, pero Dios dispuso todo para bien. Él me puso en este cargo para que yo pudiera salvar la vida de muchas personas." Génesis 5:20 (NTV)

En el momento que usted nació, llego a esta vida con un propósito, fue creado con propósito para un propósito. No eres un error; usted hacido creado para cosas estupenda y que viva una vida extraordinaria.

Mientras lees esto, puedas que este pensando que estas bien lejos de vivir una vida extraordinaria. De hecho puedes que te sientas que solamente estas existiendo o simplemente sobreviviendo.

Tengo una noticia para usted, hay cosas ajuntándolo, cosas sin explicación o entendimiento, o incluso no puede señalar lo. Lo sientes, pero no sabes lo que es que esta ajuntándolo de tener esta vida extraordinaria. Una vida llena de gozo, esperanza y amor en lo que para usted fue creado. Yo no solamente estoy aquí para exponer lo que lo a sostenido, pero para compartir como el amor mismo puede restaurar esta vida cuál usted a destinado tener. Yo estoy aquí para decirle que usted esta completamente amado y que no se has ido demasiado lejos.

Voy a compartir las cosas de mi vida, para que usted pueda entender las cosas que trabajaron contra mí. Puedan que sean similar como de lo que este trabajando contra usted ajuntando a usted de su destino y de vivir una vida extraordinaria. Deje que sus ojos y corazón sean abierto para que sean liberado de cosas sosteniéndolo. Quiero compartir esta expedición para que usted pueda ver cómo amor llego a dar me vida, y que sepas que el amor esta tocando a la puerta de su corazón.

Pertencer y Vista

Como niña, por la mayor parte me acuerdo estar rodeada de personas. Los fin de semanas estábamos en reunión de familia o en una fiesta. Me di cuenta de que esto produjo una sensación ser pasada por alto, estar perdida en la multitud en un lugar siempre mezclada, sintiendo me escondida.

Nací en el California De Sur y después nos mudamos a Portland, Oregon. Crecí con tres hermanos hasta la edad de 10 que fue cuando nació mi cuarto hermano. Yo me convertí la niña del medio, y una ves mas me sentí perdida incluso en mi familia. Aquí en tan pequeña edad el deseo de ser vista comenzó a brotar que siguió asta adulta.

Pertenecer. Esto fue otro deseo que fue implantado en mi niñez, uno que creció mas y mas mientras maduraba a adulta. Vea, como niña mi apariencia era diferente de la mayoría de mi familia. No quiero implicar que mi apariencia era todo en ese tiempo o ahora, pero esto empezó algo que el enemigo de nuestro ser uso para sentirme `menos´ y que me sienta como que no pertenecía, el triunfo por un largo tiempo.

Este enemigo-el enemigo de nuestro ser, el padre de mentiras-viene a robar, matar y destruir y ciertamente él exactamente logro esto en mi vida de una edad muy pequeña. Yo explico todo esto para qué usted pueda entender que todo lo que yo pase por experiencia no es para echar le la culpa a ninguna persona. Quiero que quede MUY CLARO. Hay más de lo que podemos ver con nuestros ojos. Actual mente, la Biblia nos dice que*'La batalla que libramos no es contra gente de carne y hueso, sino contra principados y potestades, contra los que gobiernan las tinieblas de este mundo, ¡contra huestes espirituales de maldad en las regiones celestes!' Efesios 6:12.* Cuando leemos esa escritura otra ves, nos damos cuenta que la batalla toma en lo invisible. Nosotros debemos entender que en este mundo, tenemos un enemigo invisible que esta contra nuestra propia vida, y desafortunadamente este enemigo aveces usa personas—hasta personas con buenas intenciones que amamos—para ser nos daño.

Esto fue mi caso. Personas que yo amaba y siguo amando, fueron los usados contra mí, en referencia a mi apariencia. El primer elemento donde sentí rechazo era por el color de mi piel. Cuando yo era joven, yo era unas sombras más oscura que otros en mi esfera. Yo era diferente. Yo sobresalía, y bueno yo escuchaba apodos que prácticamente no me gustaban y me decían que estaba adoptada, más otro comentarios dolorosos. Se pueden imaginar cómo niña esto puede crear muchas heridas en mi corazón. Heridas que no sabia que estaban ay hasta más tarde en la vida.

Para añadir a todo, a la edad de 8, mis padres nos mudo a mi familia a la área de la ciudad de Portland en 1995, de el sur de California. Y fui unos de los pocos niños hispanos en mi escuela en la primaria y secundaria y una vez mas era inequívocamente diferente. Haciendo me sentir que no pertenecería. Me acuerdo que me decían que mi piel era oscura, y que por eso yo era fea. Todas estas experiencias me llevo a sentirme rechazada en la cultura mexicana y además con la cultura americana, y eventualmente me llevó sentirme rechazada por completa. Y la palabra ́fea ́ empezó a distorsionar mi vista en como yo me veía y yo lo creía.

Yo estoy extremadamente triste de admitirlo, pero hasta tarde en mis veintes yo odiaba mi color de piel, y también odiaba mi pelo, porque también era diferente de mi familia. Déjeme ser real, puedo decir fácilmente yo odiaba como yo me parecía. 1 de diez personas que conocía me decían lo bella que yo soy, y me decían que mi color de piel era preciosa, pero la creencia que yo era fea era mas fuerte adentro de mi, que era difícil de creer lo que decían.

Yo realmente trate "ignorar esto" pero era difícil. Yo hasta puedo decir, qué era cerca de imposible. Quiero enfatizar que el viejo dicho "palos y piedras romperán mis huesos pero palabras nunca me pueden hacer daño" Es unas de la mentiras mas grande jamas dichas. Yo pienso que mejor hubiera tenido mi brazo o pierna quebrada, deber de que experiencial los sentimientos de ser fea y rechazada. A pesar de eso, se hoy que yo e podido desenmascara las mentiras que creí y con qué luche, y espero que my historia lo ayudara a ser lo mismo.

Mas Heridas

Si eso no haría sido suficiente para un niño. El enemigo deberás fue más aya. Un verano como un 8 años fui molestada sexualmente. Ningún niño debe por eso. Ninguna persona debe de pasar por eso. Si esto es usted, por favor sepa que mi corazón está con usted.

Sentí vergüenza y temor, no supe qué hacer, no se lo dije a nadie. Después de un año, otro hombre empezó tocarme las piernas impropiamente. Este ves, antes que yo pase más daño, se lo dije a mi mama en pronto que la vi, y nunca más vimos ese hombre en nuestra vida. Este fue el punto que subconscientemente en mi vida empece a no confiar en el sexo opuesto. No me di cuenta hasta más tarde en mi vida, que yo avía hecho esta decisión. Pero mi ser interior había sido manchado y mi corazón herido. Temor llegó con más dolor y vergüenza y tomaron su lugar en casa en mi corazón. Que cual se quedaron inactivo, y durmiente hasta el momento oportuno.

El daño estaba hecho y dar reversa a toda estas heridas solo pudo ser posible de Él, quien fui creada (y lo mismo puede ser para usted). Esto fue un proceso de curación que también involucro "re-cablear" mi cerebro como adulta usando varios recursos, como un programa increíble de la Doctora Caroline Leaf, llamado "21 días desintoxicación" con mochos otros "God Moments"—o momentos de Dios y oraciones. Cuando continuamente buscaba la Verdad de lo que Dios me había dicho. Gloria a Dios por Él Espíritu Santo, que nos dice verdad. Compartiré más de esto después.

Dios Convierte todo en Bien

"Ustedes se propusieron hacerme mal, pero Dios dispuso todo para bien. Él me puso en este cargo para que yo pudiera salvar la vida de muchas personas." Génesis 5:20 (NTV)

Antes de avanzar, si usted es nuevo con las cosas de Dios, si no has oido de Jesús, por favor crean que estas escrituras son verdad. El mal planteado es de el enemigo que brevemente mencione anterior, quien es también conocido como el padre de mentiras. Aquí es Verdad: todo que el enemigo hace, Dios dispuse para bien.

De niñez a adulta, este enemigo era astuto causando destrucción en mi corazón. Esto me causo un lugar muy bajo en mi vida, hasta el encuentro de el amor de Dios, o debo de decir cuándo encontré el amor, Él Mismo. Vine a aprender que *Dios es Amor* (1 Juan 4:8) y Él es el Único que ya a vencido este enemigo y él esta preparado y dispuesto a ayudarnos agarrar para tras nuestras vidas.

La mejor parte de Génesis 50:20 es cuándo dice, "Dios dispuso todo para bien Él me puso en este cargo para que yo pudiera salvar la vida de muchas personas." Puedo decir con todo mi corazón que Dios ha usado cada situación en mi vida, no solo para mí bien pero para compartir mi historia para el bien de muchos, para que ellos puedan vivir y tener esperanza de nuevo.

¿Estas en lugar hora mismo adonde otros le han dicho cosas, o precario circunstancias que han causado que su corazón este herido? Si es así quiero compartir otra escritura con usted. *"El ladrón sólo viene para robar, matar y destruir. Yo he venido para que todos tengan vida, y la tengan abundante."* Juan 10:10 (La palabra España) Estoy compartiendo mi historia con usted para que sepan que el enemigo es un ladrón tratando de robar le su vida como hizo a la mía, pero Jesús esta aquí y Él es Él único que puede redimir la, y en realidad ya Él lo a hecho.

Chapter II

Sueños Diferidos

"La esperanza que se demora enferma el corazón, pero el deseo cumplido[a] es árbol de vida." Proverbios 13:12 La Biblia de las Américas.

Sueños. Esos sueños que agarran su corazón que causa tanto gozo hablar de ellos. Esos son sueños que Dios a puesto en usted. Son para que camine en su propósito y destino. Escucheme en esto porque esos sueños juegan un enorme´ papel en su vida. Sin embargo, esta es otra área donde el enemigo puede causar mas heridas en su corazón, es porque creo que es vital que yo le comparta como mis sueños fueron usado contra mi gozo.

Sueños son hechos para ayudarnos vivir una vida de abundancia y gozo. Un pequeño ejemplo para mí, me acuerdo haber escrito 'impactar vidas' aunque honestamente no tenia clara idea cómo este sueño se desplegaría. Hoy, me encuentro escribiendo y eh escuchado muchas personas que han dicho que mi escritura les han impactado positivamente. Mientras crecía nunca me gustaba escribir—de hecho reprobé una clase de escritura en la universidad y tuve que ¡retomarla! Aún escribir es el metodo que Dios eligió por mí para que yo impacte vidas.

Me gustaría pensar que no soy la única soñadora en este mundo. Aunque puedo admitir por mucho tiempo, yo era la soñadora más grande en mi esfera. Era la persona en que otros se burlaban por tener sueños grandes. Me decían, "Tu piensas que el dinero crece en arboles." Mi sueños para algunos parecían como ensoñaciones deseosas, y otros que yo era egoísta. Recientemente le dije a unas de mis amistades si su sueños tira en su corazón y sí se ve usted que estas haciendo una diferencia con ellos, mas que probablemente esos son los que lo enviaran a su destino.

Tuve un mentor que me dijo 'si su sueños no le asusta no son suficiente grandes.' Bueno, esa no era yo. Mis sueños me asustaban, porque no tenia medidas para llegar a ellos. Unos de mis sueños implicaba casarme, tener niños, y viajar por todo el mundo, edificar un no-profeta de algún clase, tener un casa con una cocina enorme, (que por supuesto usaría para hornear postres porque no me gusta cocinar! Me encanta juntar personas y la cocina es donde la mayoría de conexión pasa en una casa, sobre comida). También quería sostener financieramente diferente organizaciones. Estaba en un lugar en mi vida donde quería dar, y dar, pero no tenia mucho para dar, (o eso pensaba yo).

Eso era como otros de mí sueños fueron contra mí. Yo avía "planeado mi vida" dónde le puse una linea de tiempo y donde sentía que ciertos sueños y eventos necesitaban suceder. Estoy por cierta de que soy la única culpable. Deje me decirle si usted todavía esta planeando su vida y tratando de controlar todo en su vida, esto le traerá innecesario estrés en su vida, innecesaria preocupaciones, y posible innecesaria enfermedades y dolencias.

Estoy consciente que nuestra sociedad nos dice que planifiquemos el futuro, pero Dios dice, *"Por tanto, no se preocupen por el día de mañana; porque el día de mañana se cuidará de sí mismo. Bástenle a cuidará[a día sus propios problemas."* Mateo 6:34. Este es el ultimo verso en un capitulo de escritura titulado "La cura de para la Ansiedad" en mi Biblia "Holman estándar Biblia Cristiana." Debemos de tomar la indirecta. Personalmente, no supe esta verdad hasta mas tarde en la vida, es rason tuve agitación en mi ser.

El seguimiento sueño es el más grande y mas profundo que e tenido, que en mi mente, sería el final de mi misma, y el comienzo de algo nuevo. Era lo que yo sentía que vería determinado mi valor—lo que yo sentía que me completara y que me trajera toda la alegría en el mundo. Sentía que era la cosa mas importante en mi vida. Ese sueño era que yo tuviera casada.

Cuando yo estuve en la secundaria. Yo planeaba ir a la

universidad, conocer a alguien, y ser una mama que se queda en casa. Nunca planeé en una carrera. Hoy, esto me hace reír, pero le prometo que en ese tiempo no era chiste. Me había decidido en ese tiempo que quería casarme y tener niños ya a la edad de 27 años. Y hoy tengo 33 años no estoy casada y no tengo niños. Cuando cumplí los 27 años, temor empezó agitarse en mi corazón. Ansiedades empezaron a surgir, emociones que estaban reprimidas empezaron ascender, condiciones dolorosos de que estuve completamente inconsciente, fueron de empujón realidad en mi vida diaria. El rechazo de mi niñez empezó asomar su cabeza fea. Empece escuchar mentiras en mi cabeza que no era 'deseada,' que era 'fea,' que 'no era suficiente buena,' y que 'no era valiosa' hasta empece escuchar insultos nuevo come que 'no era lo suficiente inteligente,' Empece sentir un temor que se volvió demasiado real para mí. Le compartiré de este temor en más tarde capítulos.

Hubiera pensado que a llegar a la edad de 27 años, viera tenido algo materializado en mi vida de mi sueños y planes. Pero ni una sola cosa a llegado a buen término asta este punto. Desilusión agarro raíz en mi corazón. Sentimientos de ser un fracaso comenzó, y ademas añadir, que estaba todavía viviendo con mi familia que causo sentimientos de menos valor en la sociedad. Me sentí como que era nada, y llegando a ninguna parte rápidamente.

Aún Hay Esperanza

¿Se puede relacionar? Si se sientes en un lugar donde usted es nada, que has fallado por completo o que no tiene éxito en nada. Estoy para decirle que aún hay esperanza.

Vuelva a leer la escritura al comienzo de este capitulo: *"La esperanza que sé demora enferma el corazón, pero el deseo cumplido[a] es árbol de vida."* Proverbios 13:12 La Biblia de las Américas. Mejor todavía le voy dar una diferente traslación. *"La esperanza que se prolonga, es tormento del corazón; más árbol de vida es el deseo cumplido,"* (Sagradas escrituras) ¡Ahí está la palabra clave! Prolonga-o deferido.

El diccionario (Vine's Complete Expository) la viña completa expositiva derriba la palabra 'prolongar' combinada en griego de dos palabras. Una es la palabra raíz 'tiempo' y la definición es pasar tiempo 'fuera' y 'demorado, demorado tan largo.'

Ahora la palabra alquitranad o alquitranada-tiene diez palabras de raíz en el griego. Unas de estas palabras se significa, 'suponer, esperar' y 'recibir.' Otra definición de alquitranad que debemos notar es 'quedarse quieto' continuar, sugestión "paciencia y constancia en permanecer después de las circunstancias que proceden." Lo que esto significa para nosotros, es-en nuestro momentos de espera, es como si el tiempo estuviera desperdiciando, pero deberá no esta. Lo que habla aquí es que mientras estamos en espera nos quedamos paciente en expectación, preparados para recibir. Esto es la verdaderamente significación de 'prolongar.' Alago que todavía sucederá, pero ocurrirá un poco más tarde de lo que originalmente pensábamos. Así que seamos paciente, y seamos expectante, con gran júbilo.

Hermano, hermana, usted no es un fracaso, no es indeseado, no es pasado por alto o abandonado. Las esperanzas y los sueños que han sido puestos en su corazón por Dios propio solo están en prolongo. Su aventura no a terminado, y en que sus planes no son los planes de Él. Si sus vida no parece en lo que siempre he pensado, simplemente se significa que Dios tiene un plan diferente, algo ¡mejor! Algo que completamente le triará el gozo y él cumplimento en su corazón que producirá un árbol de vida. Lo único que necesitamos es estar dispuesto a rendir todo estas cosa a Él y a el tiempo de Él. Cuando tenemos rendición y decidimos a confiar en Dios, los sueños puesto en nosotros corazón por Él, llegarán a buen término. Ellos puedan no suceder cuando nosotros queremos, o sea, que ni parezcan a lo que nosotros nos imaginamos. No se rindan de sus sueños, presione a Él único que le ha planteado esos sueños en su corazón.

Le escucho decir, "bueno Maritza usted nos dijo que todavía no sé a casado. Que es que usted dice que deseos serán cumplidos, ¿cómo, todavía hay esperanza? ¿Cómo puedes decir eso?"

¡O, me alegro tanto que me preguntas! Siga pasando

las paginas.

Chapter III

Ancla De Mi Alma

"La cual tenemos como segura y firme ancla del alma, y que penetra hasta dentro del velo" Hebreos 6:19 (Reina Valera Revisada)

Mientras reflejaba sobre mi vida y empecé a escribir este libro, me pregunte, "¿Qué me mantuvo seguir buscando a Dios?" Por favor entienda, podría haber sido tan fácil renunciar mi vida porque las cosas que experimente como niña. Caminar por rechazo y mayor desilusión sentí como si Dios no era existente. ¿Qué me mantuvo seguir? Reciente, mientras estaba leyendo Hebreos 6:19, ¡me golpeó! Y quiero repetir esta escritura *"La cual tenemos como segura y firme ancla del alma, y que penetra hasta dentro del velo"* Hebreos 6:19 (Reina Valera Revisada). Lo que me había mantenido buscando y me tuvo avanzando y no darme por vencida era el poder de El Espíritu Santo.

Mientras crecía, no tuve mucha enseñanza del Espíritu

Santo. El Espíritu Santo en ese tiempo era como que "Él esta allí pero no hablamos de El Espíritu Santo." Con honestidad, todo que sabia de El Espíritu Santo era que lo mencionábamos "El Espíritu Santo" como hacíamos la 'señal de la cruz' en la iglesia adonde yo atendía. Entendía que Él era parte de la Trinidad y eso era todo. En verdad El Espíritu Santo es alguien todos deberíamos llegar a conocer. El Espíritu Santo es igual de importante como El Padre y El Hijo. La verdad es, sin El Espíritu Santo, no podemos vivir una vida sobrenatural que somos llamados vivir, una vida extraordinaria con que somos creado. Ah este punto te estarás preguntando "¿Quién es El Espíritu Santo?" Lo explicaré más tarde en este capítulo.

Lleno con El Espíritu Santo

En el 2014, un día particular se me convirtió en una bendición. Dios bajo una ancla de los cielos entre mi alma que causo que evitaría que me desvíe y alejarme, y aguantarme a pesar de la turbulencia que mas tarde llegara. Hasta este punto estaba inconsciente y desprevenida de nuestra guerra espiritual contra nuestras vidas. Sin embargo. En mayo de el 2014, tuve una experiencia maravillosa que se convirtió en un punto de referencia en mi vida y un paso importante en mi viaje en el tratamiento con la guerra espiritual contra mí.

Yo tenia 26 años cuando fui invitada a la iglesia por

un compañero del trabajo y comencé asistir casi todos los domingos por como seis meses. En algún momento en abril, hubo un anuncio en la iglesia de una conferencia de mujeres llegando en mayo. El pensamiento de asistir no entró en mi mente como sentí que tenia cosas más importante que hacer. En mi opinión, asistir esta conferencia no mereció ni un pensamiento. Durante las semanas que siguieron, la esposa de mi compañero de trabajo me invitó varias veces para que asistiera, y se me fue difícil decirle que no, porque ella estaba llena de esperanza y ¡emoción! Sacudiendo mi cabeza ahora me río, porque en ese tiempo, yo era muy resistente cometerme a asistir eventos perteneciente a Dios, aunque mi corazón realmente quería aprender. ¿Me pregunto si puedes relacionar? ¿Usted también se has encontrado resistiendo sus empujones? Si es así entendió. Como puedes ver, he estado ahí. Solo entienda que Dios es paciente.

La conferencia de mujeres entera iba a tener lugar por sobre tres días enteros. Cuando mi resistencia para asistir finalmente se rompió y le dije que sí a esta mujer cariñosa y persistente, le dije "bien, pero solo puedo ir una sola noche." Vean, en ese momento tomé la decisión de hacer unos planes las otras dos sesiones de noches de la conferencia para que yo no le mintiera. Estaba trabajando por el día y entonces reservé a propósito citas por la otra dos noches, asegurar que tuviera completamente indisponible para asistir la conferencia entera. Ademas no moví ni un dedo para programar el tiempo libre del trabajo. Mi prioridad era el trabajo y no el Reino de Dios. Pero, ¡Gloria a Dios que la prioridad de Dios en este tiempo era yo! Comparto sobre mi resistencia y el propósito de programar mi calendario para evitar la conferencia porque me pregunto si algunos que estan leyendo estarán hasiendo cosas similares.

Entonces en Mayo 21 de el 2014 a las 7 pm., Asistí la sesión de noche de la conferencia de mujeres. Sin saberlo este seria un día que marco mi vida. Un día que yo estaría sellada mi vida, para vida con Dios. El día en que recibí el ancla para mi alma que sería para siempre mantener mi seguridad, aunque no lo sabia o percibía. Esta ancla me guió y me ayudo en tiempos cuando lo necesitaba más. Y asta ahora mientras escribo, tengo la retrospectiva 20-20 decirlo con confianza.

Me acuerdo que el pastor hablo sobre el libro de efesios—un libro en la Biblia, que seria no solamente mi favorito, pero mi recurso por conocer mi identidad verdadera y por crear un estándar en mi vida. Incidentalmente, fue más tarde este mismo año había comprado mi primer Biblia. Personalmente, nunca había leído la anterior a esto, porque nunca me enseñaron la importancia de ella.

Lo que escuché la noche de esta conferencia era bastante nuevo para mí, pero causo que mi espíritu saltara de emoción. Esa noche, ella hablo de la guerra espiritual y el poder de El Espíritu Santo, de lo que nunca antes había oído hablar. Esa noche que El Espíritu Santo tiene una parte en la Deidad de Dios, y escuché que El Espíritu Santo tenia atributos maravillosos. Por ejemplo escuché que El Espíritu Santa es nuestro consolador, y que Él Espíritu Santo intercede por nosotros cuando no sabes como orar, sin embargo, nuestro espíritu sí. *"De igual manera, el Espíritu nos ayuda en nuestra debilidad. Por ejemplo, cuando no sabemos qué pedirle a Dios, el Espíritu mismo le pide a Dios por nosotros. El Espíritu le habla a Dios a través de gemidos imposibles de expresar con palabras."* Romanos 8:26 (PTD). Conociendo a Él Espíritu Santo hoy, es más allá de cualquier cosa que podría haber imaginado. En eso tiempo no tenía ni idea que yo era ciertamente entra en un último viaje de aventura que no esperaba. Esta última aventura es igual para usted y esperando que usted tome el salto de fe y cree.

Lo que pasó después de la enseñanza fue de lejos la cosa más importante en ninguna ves en mi vida. Es lo que me marco para siempre; es probablemente tan importante como cuando nací. Estaba sentada hacia la parte atrás del santuario entre la congregación de mujeres. Recuerdo una pregunta de la pastora. Ella pregunto, ¿'quién aquí quiere tener el poder del Espíritu Santo?" Antes de que pudiera pensar de la pregunta, me encontré caminada hacia el altar con una multitud de otras mujeres. Mientras caminaba todo lo que acuerdo haber pensado era, ¿´Que estoy haciendo?´ seguido por, ¿´Porque no tener ese poder de cual ella hablaba?´

Fui hacia el altar a lo largo como que parecía ser cincuenta otra mujeres, quienes estaban alineadas hombro a hombro en frente de el altar. La Pastora nos dio un solo consejo, que fue simplemente abrir nuestras bocas y hablar. Ella recomendó que seleccionemos una palabra para repetir y coger enfoca, y entonces empezó poniendo sus manos sobre cada mujer y oró sobre nosotras. Mi palabra de elección fue "Gloria."

Ahí estaba, repitiendo la palabra "Gloria" como una invitación intencional para que Dios me encuentre. Cuando la Pastora me alcanzó y puso sus manos en oración sobre mí. Mis ojos estaban cerrados y de alguna manera comencé a sentir que no era capaz de controlar mi lengua, y expresiones que no sabia que significaban empezaron a salir de mi boca. Empece a orar en el espíritu, o cómo algunos pueden entender que sea—hablar en lenguas. Se sentía como que salía de lo más profundo de mi ser, algo no de mi misma o de mi propios pensamientos. Era bien fuerte. De momento en un punto, yo sentí la pastora parada en frente de mí y hablo entre el micrófono diciendo, "¡El Señor deberá mente tiene agarrada a esta!" Detuve mi pronunciación y me di cuenta de que no podía abrir los ojos. Le dije, "la oigo, pero no puedo abrir mis ojos." Entonces ella me dijo que estaba bien y que no me preocupara. Mientras estaba allí orando en lenguas, comencé a rogarle a Dios para que permitiera abrir los ojos. Él me escucho porque al poco tiempo pude abrir los ojos. Cuando miré a mi alrededor Yo era la única que quedaba en el altar. Me di la vuelta para volver a mi asiento, evitando el contacto visual con cualquier persona, sintiéndome un poco de vergüenza. Tenia vergüenza porque todavía no entendía. Mientras miro hacia atrás, ahora, puedo ver que en ese momento,

El Señor me estaba enseñado que yo tenia un llamado único el cuel Él me estaba preparando para ello.

Este fue mi 'bautismo' del El Espíritu Santo, El Espíritu Santo se convirtió en mi esperanza que 'llego a detrás de la cortina' como dice la escrituras, en lo mas profundo de mi corazón, y me ha mantenido anclada—anclada durante las tormentas de mi vida.

El Espíritu Santo es Real

Como mencione que antes de este evento, no supe que El Espíritu era real. No sabia que El Espíritu Santo ser parte de la Trinidad, era Uno que podría invitar a mi vida o que me podía ayudar. Puede que usted este en el mismo lugar, es posible que hayas oído hablar del Espíritu Santo, pero no saber mucho de Él. o tal vez nunca has oído hablar de Él, y este es su primera ves escuchar de Él. independientemente, estoy aquí para compartir eso, que Espíritu Santo es real.

Hay algunos nombres para El Espíritu Santo como Consejero, Consolador, Espíritu de Verdad (Juan 14:17) Ayudante, Intercesor, Defensor. Encontrara estos nombres usado para Él, dependiendo en varias translaciones, y con cual usted use de la Biblia. Ciertas escrituras específicas son Juan 14:26, Juan 16:7, Juan 15:26. También hay 1 de Corintios 12:8-10 que describe los dones del Espíritu Santo.

Nosotros también aprendemos sobré el fruto del Espíritu Santo en Gálatas 5:22 *"En cambio, el fruto del Espíritu es AMOR, alegría, paz, paciencia, amabilidad, bondad, fidelidad, humildad y dominio propio."* (NVI) ¿Quién no quisiera estos frutos en la vida? Personalmente, los quiero todos, y con El Espíritu Santo todos estos están disponibles ahora aquí en la tierra.

Recibir el Bautismo del Espíritu Santo

Si aún no has estado bautizado con El Espíritu Santo, pregúntele al Espíritu Santo entrar en su vida. Este bautismo es algo que podemos perdír. Muchos creen que el bautismo vendrá sobre ellos solo 'si' Dios solamente quiere darnos este regalo y 'si' Dios desea que lo recibamos. ¿Seriamente? El Espíritu Santo quiere que todos nosotros lo conoceremos y estar ablando en leguas, que es nuestro lenguaje celestial. Es un regalo del Espíritu Santo. Es un regalo, dado gratuitamente a los que reciben. Lucas 11:13 dice, *"Pues si ustedes, que son malos, saben dar cosas buenas a sus hijos, ¿cuanto más el Padre que está en el cielo dará el Espíritu Santo a quienes se lo pidan?"* (BLPH) Ademas las escrituras nos dice que debemos desear las dones: *"Seguid el amor; y procurad los dones espirituales, pero sobre todo que profeticéis."* 1 Corintios 14:1 (Reina Valera)

Si estas deseando ser bautizado con El Espíritu Santo

con la evidencia de hablar en lenguas, puedes hacer esto ahora. Primeramente tienes que creer en Jesus para que recibas El Espíritu Santo, y pregunte por ello. Si has preguntado antes y no le ha pasado para usted, Puede haber algo que esté obstaculizando que llegue a usted. sé de una cosa con seguridad que bloqueará esto. Amargura. Si tienes algún amargura en su corazón, esto puede estar previniendo la plenitud de ese bautismo.

Cuando fui llena del Espíritu Santo y empece hablar en lenguas, fue antes de que me hubiera rendido por completo cada parte de mi vida al Señor. Cuando miro hacia atrás me doy cuenta que no puedo recordar un punto en tiempo cuando tuve "salvación" antes de mi experiencia con El Espíritu Santo, pero ciertamente estaba en buscada de Dios, y en cierto grado creía en Jesus. Por tanto, si el Señor me dio libremente este regalo del Espíritu Santo a este tiempo de mi vida, ¿qué impediría a otra persona de recibir este regalo maravilloso? Leí algo un día que me aclaro todo. "Ninguna persona puede ser bautizada con El Espíritu Santo y tener amargura eso es, hiel" en: (Smith Wigglesworth on the Holy Spirit) libro "Smith Wigglesworth en el Espíritu Santo" Nosotros debemos tener un corazón libre de amargura, que hace que el corazón sea una casa vivienda para El Espíritu Santo.

Puedo concluir que cuando paso este encuentro para mí, no tuve amargura en mi corazón y por eso pude recibir al Espritu Santo. Así que incluso en este momento, si usted quiere el bautismo del Espíritu Santo y usted tiene amargura en su corazón, arrepintiese, traiga se lo a Dios, perdone a las personas que le han hecho daño; solo te mantiene cautivo, no a ellos. Si la persona que tienes que perdonar es usted mismo, por favor perdónese. Me doy cuenta de perdonarnos a nosotros mismo es una de las cosas más difíciles de hacer, pero es es extremadamente importante que usted lo haga. Yo he tenido que hacer esto, y cree me cuando yo les digo que es difícil. cualquier cosa que hayas hecho, Jesus se lo a llevado sobre la cruz, este el oprobio y la vergüenza. la falta de perdón y amargura te está manteniendo de este hermoso regalo y amigo llamado El Espíritu Santo. Este amigo que le dará una vida dinámica y una vida extraordinaria.

*** si usted necesita un buen-inicio para perdonarse encontrarás en la parte de atrás de este libro debajo de perdón.

*Salvación: creer y confiar que Jesus sacrificó su vida por nosotros para que nosotros tengamos acceso abierto a Dios y experimentar una relación llena con Él-Romanos 3:23-26

Chapter IV

Agarrado por Temor

"El miedo a los hombres es una trampa, pero el que confía en el Señor estará protegido." Proverbios 29:25 (DHH)

Por si acaso ese verso no se penetra vamos tratar versos de la canción de Zach Williams.

> "El miedo, es un mentiroso, El tomara tu aliento
> Te detendrá en tus pasos, El miedo, es un mentiroso, El robara tu descanso, Roba tu felicidad
> Arroja tu miedo en el fuego Porque el miedo, es un mentiroso"

En Mayo de 2014, en la conferencia de mujeres, tuve una experiencia, yo viví mi encuentro con Dios tal como lo hicieron los discípulos en el segundo capítulo del el libro de los Hechos en la Biblia, Yo, Maritza Barron, fue llena con El Espíritu Santo y hablando en lenguas como llamas de fuego. Espíritu Santo había venido personalmente a mí.

Desafortunadamente en ese tiempo, no sabia qué extraordinario era esto, habiendo crecido en tradición religiosa que no enseño del Espíritu Santo. Sin ningún duda, dentro de lo mas profundo yo supe que mi experiencia era algo bueno; por ciertamente uno de los misterios de Dios. Pero en este punto de mi viaje, no tenia a nadie todavía que me tomara bajo su ala, o guiar me y ayudarme a entender lo que había ocurrido y que clase de poder estaba dentro de mí. Mencione al comienzo de este libro que nuestra lucha no contra sangre ni carne. El adversario, que es el demonio, es el único con quien luchamos—el enemigo de nuestro ser que anda como un león merodeador vidente a quién puede devorar. El vio algo vulnerable en mí que yo no realizaba que no me di cuenta, y él estaba acerca de atacar y atacar es lo que hizo.

Una cosa es cierta en este punto de mi viaje era que mi corazón deseaba conocer a Dios. Empece a escuchar servicios dominical de una iglesia en línea o computadora, que alimentó mi alma mientras mi carrera de domingo por la mañana. Era todavía nueva a todo este concepto entero de 'Dios' y cómo ya saben, aunque compre mi primera Biblia aun no había entendido la importancia de leer la y quedarse en la palabra de Dios.

Otro punto que quería compartir para animarte es que si alguna vez le han herido por cualquiera en una iglesia, no use eso como excusa para dejar de perseguir a Jesús. Jesús nunca lo condenara o lo abandonara. Se lo digo porque la razón que escuchaba los servicios de iglesia por linea o computadora deber de continuar ir a la iglesia es que estuve herida y me sentía juzgada donde había atenido. **Aquí va un consejo breve: Nunca debemos echarle la culpa a Dios por el comportamiento del hombre; porque a lo contrario nosotros somos los que perdemos muchas bendiciones.**

Yo supe que esta situación dolorosa no era de Dios y sinceramente quería buscar su rostro y que Él me enseñe. Estoy agradecida de no haber dejado eso impedirme buscar la verdad. Mi carrera en la mañana escuchando los mensajes del domingo eran asombroso. Me encantaba¡ Pero no me di cuenta en ese momento que necesitaba conexión con otros para ayudarme a mantener el curso con Dios y ayudar pedirme cuentas.

A este tiempo, recién cumplí los 27—la edad notoria por lo que había decidido que yo debería tenido ciertos logros y realizaciones. La edad por cuando yo tuviera un esposo y unos niños—esto era mis mas grandes deseos. Todavía estaba buscando de lo que yo pensaba que era amor. Me estaba desesperando y inquietud entro en mi corazón. Todavía quería ser amado y cuidada, tener una vida de aventura, que compartiera con alguien con quien yo realmente conectaba.

Yo había salido en unas pocas citas, pero por alguna razón no pasaban de la primera o la segunda cita. Yo no entendía porque. Era doloroso experimentar rechazos o ningún regreso de llamada. Tuve una idea que se debía principalmente a mis puntos de vista sobre sexo antes de matrimonio. Yo no iba tener sexo antes de casarme, esto era mi decisión de pequeña edad. Había crecido con el deseo de esperar hasta que me casara y por eso tuve que experimentar (muchas veces) hombres descubriendo esto y después perdiendo interés.

Permití que el temor verdaderamente entrar en mi corazón. Estaba entrando en pánico, tenga en cuenta que una expectativa como Mexicana es que uno se casa y tenga niños a cierta edad, usualmente entre los medios de los vientes años de lo contrario eres "demasiado vieja," ahora estaba pasada de esa edad. Podía escuchar lo que la familia decía. Internamente, me golpearía a mi misma en referencia de esto, y poco a poco empece odiarme mí misma y odiar la soñadora dentro de mi, odiar el autocontrol adentro de mi, odiar mi deseos de justicia y ser buena. No me di cuenta de que esto sucedía, pero espesó coger raíz. Había visto a mi hermano gemelo casarse cuando los dos teníamos 25 años y ellos tuvieron un bebe para cuando teníamos 26. Yo estaba contenta por él, pero pensé, ¿y qué de mí? Mi propias expectaciones y las expectaciones que otros tenían de mi empezó enjaularme con temor. Temor empezó hablar adentro mi corazón y alma. Esto fue cuando el enemigo vio la oportunidad de ¡golpear!

Conocí a un chico uno de mis lugares favoritos donde yo iba a estudiar mientras mi último término en la universidad. Este hombre joven era amable y parecía muy trabajador— lo que toda mujer anhela, ¡¿correcto?! Esta noche particular de la semana sucede que era cuando motociclistas vendría a reunirse. Ayi el estaba con su motocicleta, y lo que vi en él era aventura; era lo que mi corazón quería. Después de un tiempo, caminé hacia él y le dije hola. Y como era un poco familiar con motocicletas de trabajar en el banco donde ofrecíamos prestamos de motocicletas, sabía lo suficiente iniciar una conversación co del. Después de hablar por cierto minutos, el me pidió por mi numero de teléfono y me pidió por una cita.

Nosotros parecíamos tener mucho en común, incluso me enteré que él era soñador y esto era lo mas de todo que me hizo emocionada¡ anhelaba conocer alguien que tenga sueños para el futuro. En el día de nuestra cita, justo antes de que él me recogió, un pensamiento me golpeo de la nada. "¡¿Y qué tal si él espera tener sexo?!" Empece entrando en pánico y le pedí a Dios que me ayudara. En este punto en mi viaje con Dios, aunque ya había experimentado ser llena del Espíritu Santo el año anterior, todavía no entendía si Dios escuchaba mis oraciones, mis llantos o súplicas por ayuda. Absolutamente no tenia idea de un sí o no de Él, pero le pregunte por fuerzas.

Más tarde esa noche, describí que la voz sutil que llego como un pensamiento antes de la cita fue por buena razón. Espíritu Santo, como voz pequeña en mi ser, quería que estuviera preparada, de hecho este tipo quería tener sexo. Y tuve el denuedo de decir no, y como seguro, él me llevó a casa.

Esa noche tuve acostada en mi cama llorando. Mentalmente yo empece golpeándome a mí misma porque en mi mente, yo era la culpable por el rechazo. Los pensamientos en mi cabeza eran tan altos. 'Soy una completa tonta, una idiota, estúpida e ingenua.' Estos pensamientos estaban corriendo por mi cabeza en repetición, mientras se repetían, el odio de mi misma creció—el odio por la fe de niñez y la inocencia pura en mí.

Lo que me empujó sobre el bordees es que escuchaba, 'Tu has astado rechazada toda tu vida por los hombres hasta ahora. ¿Que fuera si cumples 30 años y todavía eres virgen'? ¿Que hombre te va desear? Ningún hombre te anhelaría ¿quién querría una chica sin experiencia?

Mi corazón estaba completamente agarrado por temor. Era un sándwich de temor—mi pasado y mi futuro lleno de rechazo. Estaba convencida nunca seré deseada. Y me comí ese sándwich como si no hubiera mañana y me atragante con él.

El temor ahora se hizo mayor que mis deseos, de mí creencias, my convicciones, de cualquier cosa que haya conocido. Todo lo que veía, sentía, pensaba, oler y saborear era temor. Qué paso después Después de unos días de morar continuamente en este temor, lo que se hizo con motivos claro y intenciones de mi parte. Intenciones para seguir adelante con las expectaciones originalmente de mí por este hombre joven, porque no quería vivir más con este rechazo. La decisión se hizo y eso fue todo. Le mande un mensaje dejando le saber que realmente quería volver a encontrarme con él.

Y nostros lo hicimos.

Antes de continuar, quiero parar aquí y mencionar brevemente. No sé de sus creencias sobre tener sexo fuera del matrimonio, pero la Verdad es que al hacerlo va en contra la voluntad de Dios. **Cuando tenemos sexo fuera del el convenio del matrimonio, nuestras almas se vuelven fragmentadas.** La escrituras dice que nos convertimos uno, con la otra persona cuando tenemos sexo con ellos. Esto causa que nuestras almas luego sea adjuntada a esa persona. Teniendo sexo fuera del matrimonio trae trastorno interno a nuestra alma y esto es otra manera que el enemigo causa heridas y confusión en nuestro corazón.

Enredado en la Trampa

Temor había tomado lo mejor de mí.

> "El miedo, es un mentiroso, El tomara tu aliento
> Te detendrá en tus pasos, El miedo, es un mentiroso, El robara tu descanso, Roba tu felicidad.
> Arroja tu miedo en el fuego Porque el miedo, es un mentiroso"

Temor tomo mi aliento, temor tomo mi descanso y temor robo mi alegría. Al volver a ver a ese tipo respondí al temor en lugar de confiar en Dios. Hice lo mismo con el que iba en contra de mis creencias por temor sacudiéndome hasta el centro de mi ser. En vez de darme cuenta de esta mentira, le abrí la puerta a vergüenza, culpa, duda, odio a uno mismo, ira y mas amargura—y sin sorpresa, el rechazo nunca se fue. Tan pronto como se hizo el acto, me sentí endurecida me sentí muerta. La felicidad que deseaba y la alegría que quería no estaba en ninguna parte para ser encontrada. Esto es solo un ejemplo de las muchas cosas que el temor puede hacer. Te dirá mentiras del pozo del infierno. Estas mentiras ahogará la verdad de lo que realmente somos y quita toda la belleza que la vida tiene para nosotros. aunque rápidamente volví a Dios pidiendo le perdón, todavía no le había puesto mi confianza en El Señor, y el temor ahora estaba haciendo su hogar en mí y tomando un trono en mi corazón.

El temor que usted también puede estar sintiendo, el temor que posiblemente estés lidiando podría ser diferente de lo que yo experimente, o puede ser lo mismo. Temor puede tomar control como miedo al rechazo, miedo al fracaso, miedo al decepción, miedo al futuro, miedo a lo desconocido, solo para nombrar unos pocos. Había dejado todos esos miedos entrar en mi vida, y déjeme contarle, el temor no puede habitar en el mismo lugar que el amor. El temor Literalmente nos matará en vida, solo trae muerte.

¡Pero Amor nos da vida! Ya nos la a dado, Amor a llegado y se llama Jesús. Él dice *"yo he venido para que*

tengan vida, y para que la tengan en abundancia."
Juan 10:10 (DHH) Así que si tiene algún temor en su vida ahora mismo mi amigo, yo silencio cada mentira sobre ti en el nombre poderoso de Jesus y hablo vida sobre ti ahora mismo este mismo minuto.

Chapter V

Gritar Hacia Afuera

"Me buscarán y me encontrarán cuando me busquen de todo corazón." Jeremías 29:13 (PDT)

Yo había alcanzado un nuevo mínimo permitiéndome participar en cosas que habían ido en contra mi creencias y valores, y estuve sacudida hasta mi núcleo. En una noche de Septiembre 2015, caída de rodillas, mis ojos hinchado llenos de lagrimas, yo estaba en el suelo, gritando mis preguntas ¿Hace el amor conquistar todo? ¿Hacer el amor vencer la maldad? ¿Es el amor real? ¿Pueda qué exista???

Yo siempre tuve ese aferró a la creencia que el amor era real. Quería tan desesperadamente ver que mi propia vida tenía significado en este mundo, y ver si el amor de verdaderamente existía. Sin embargo, aquí estaba sintiéndome tan perdida, sin esperanza, pequeña, y abandonada. Puede ser un largar adonde que usted también a experimentado o podría estar experimentando ahora.

Yo le prometo ***no estas desamparado.***

Yo no sabía esa verdad en ese entonces, con el tiempo me encontraría con una
escritura en la palabra de Dios que dice, *Sed firmes y valientes, no temáis ni os aterroricéis ante ellos, porque el Señor tu Dios es el que va contigo; no te dejará ni te desamparará.* Deuteronomio 31:6 (LB:LA). Dios te ha creado y eres su hijo, y Él nunca dejará su hijo atrás. Él siempre esta cerca y listo para ayudar.

Un Dios Personal

Sintiéndome desesperadamente confundida y sola, sabía en el fondo que tenía que haber más en la vida—que estaba aquí por una razón, pero yo simplemente no podía ver una razón más. Ya estaba con demasiados arrepentimientos lleno de 'deberías' esto debería haber pasado ya, eso debería pasado ya. Especialmente el plan de estar casada y tener hijos. En el capítulo anterior, ya has leído que tenía muchas esperanzas y sueños y que "mi mundo perfecto" incluía estar casada con hijos como una madre que se queda en casa a la edad de 27.

No tenia ninguno de estos y debido a esto realmente me sentí entumecida, sin valor y abandonada. No pasó mucho tiempo antes de que empezara que mi mañana o tarde correr se convirtió en una forma de 'lidiar' para mí. Quería huir de mi vida; quería huir de mi misma.

Decidí que necesitaba una 'escapada' a la costa de Oregon. La playa para mi siempre ha sido un lugar anhelaba cuando necesitaba tiempo para mí. Cada vez que le decía a los demás a dónde iba les decía 'voy a ir a pensar,' Sin embargo, cuando llegaba allí, no sucedía ningún pensamiento¡ Usualmente sin embargo cuando llegaba allí, no sucedió ningún pensamiento. Resultó un tiempo para despejar mi mente mientras escuchaba las olas del mar. Sin embargo poco sabía que en este viaje en particular Dios me encontraría allí.

Mientras sentada en la playa en silencio con mis pensamientos, empecé experiencial a Él, 'hablándome' de una manera tranquila y personal que descanso mi alma. Fíjese, ya había tenido la experiencia estar llenada de Él Espíritu Santo un año antes, y aun entonces no sabia que Él 'hablaba' la experiencia que tuve ahí en la playa, escuchar Dios hablarme, fue deberas verdaderamente única y hermosa. Fue el comienzo de mi relación intima y personal con Dios. tuve un vistazo ese día de un Dios personal y su gran amor por mí, y deseaba mas.

Lo que he venido a aprender y saber es que Dios siempre esta hablando. Él realmente quiere decirnos tanto pero a menudo nos perdemos en nuestras propias preocupaciones y deseos y distracciones que nos negamos a escuchar la verdad. Tómeme por ejemplo, yo había sido llenada del Espíritu Santo, pero no sabia que Dios hablaba porque había estado tan atrapada y preocupada de mis deseos y lo que yo pensaba mi futuro debiera aparecer. Mi oración por usted mientras lees mi historia es que llegues a escucharlo más temprano en la vida, que yo.

Ojos Abiertos

"Mi oración es que los ojos de vuestro corazón sean[a] iluminados, para que sepáis cuál es la esperanza de su llamamiento, cuáles son las riquezas de la gloria de su herencia en los santos." Efesios 1:18 (LBLA)

Esta cuando llegué a mi punto más bajo cuando gritaba mis preguntas al aire yo no tenía ni idea que Dios me estaba escuchando. No tenia idea que Él quería ser conocido y que Él quería amarme. No tenia idea que estaba preguntándole a Dios mismo. Escritura nos dice que Dios es amor. *"El que no ama no conoce a Dios, porque Dios es amor"* 1 de Juan 4:8 (LBLA) y *'Y nosotros hemos llegado a conocer y hemos creído el amor que Dios tiene para[a] nosotros. Dios es amor, y el que permanece en amor permanece en Dios y Dios permanece en Él'* 1 de Juan 4:16 (LBLA). Aunque sin saberlo había cuestionado a Dios, Él me escucho y Él había sido fiel en contestar mis preguntas. Me siento hoy con asombro y maravilla a saber que Él es amor. Me sorprende hasta el día de hoy que era Él que cuestioné ese día.

Pronto después de mi viaje a la costa de Oregon, empecé a leer mi Biblia constantemente. Como tres meses después encontré este verso. *"....pues Dios ve no como[a] el hombre ve, pues el hombre mira la apariencia exterior, pero el Señor mira el corazón."* 1 Samuel 16:7 (LBLA) Para Dios que conteste los llantos de mi corazón cuando ni estaba consiente de este verso, es prueba de que aunque nosotros a lo mejor no conocemos la palabra, Dios actúa sobre su palabra. Dios ve los corazones del la gente.

Esto me da alegría ahora que lo pienso. Ves, cuando lloré en el aire, el Señor de los Ejércitos, Rey de Reyes, Dios todo Poderoso, Jehová, Jesus, Amor, era el Uno que me escucho porque mi llanto salió de mi ¡corazón! Salió de lo más profundo de mi ser porque estaba en una búsqueda desesperada por respuestas.

La próxima escritura es otra promesa bella de Él que entró en parte ese día, y otra vez sin mi conocimiento de este verso a ese tiempo: *"Me buscarán y me encontrarán, cuando me busquen de todo corazón."* Jeremías 29:13 (NBLA). Yo había poseído una Biblia sin embargo, incluso antes que comencé a leer la, ¡yo había actuado en Su palabra y promesas! Mientras empezaba a leer las escrituras y escuchar a Dios hablarme, comencé a experimentar lo que mi corazón realmente había estado buscando que yo importaba, que alguien allí afuera me amaba, que fui amada y me sentí amada.

Buscando Verdad

"Clama a Mí, y Yo te responderé y te revelaré cosas grandes e inaccesibles, que tú no conoces." Jeremías 33:3 (NBLA)

Algo que yo he llegado amar de Dios es que incluso, si nosotras no lo conocemos o no lo reconocemos y incluso si le damos nuestras espaldas a Él, Él siempre esta hablando. La parte que me mantiene asombrada de su gran amor por mí, es que aunque no conocía las escrituras, La palabra de Él todavía esta en acción. Siempre esta. La palabra de Él es una fundación firme, siempre trabajando. Afortunadamente para mí, cuando tuve la menor idea que su palabra decía lo seguido. *"Clama a Mí, y Yo te responderé y te revelaré cosas grandes e inaccesibles, que tú no conoces."* Jeremías 33:3 (NBLA) Él Todavía se mantuvo FIEL para mantener su propia palabra y promesa para mí.

Mi amigo si estas necesitando revelación, si estas buscando verdad, si estas buscando por contestas, Llama a Él, Él es fiel incluso para ti.

Dios habla en muchas maneras, aveces con fotos o conceptos en sueños, en visiones, por personas, señas, números, las estrellas, asta la naturaleza. En la Biblia menciona adonde el uso un burro para transmitir un mensaje. Una manera primaria como Dios me habla es a través de mis sueños en mi dormir. Compartiré uno en capitulo mas tarde. Pero por favor presta atención a sus sueños. Job 33:15-16 dice, *"algunas veces nos habla en sueños, mientras dormimos profundamente; otras veces nos habla al oído; claramente nos advierte."* (TLA). Y Joel 2:28 dice *"Después de esto, derramaré mi Espíritu sobre todo el género humano." Los hijos y las hijas de ustedes profetizarán tendrán sueños los ancianos y visiones los jóvenes.'* (NVI). Dios es un gran comunicador, pero nosotros somos horrible en escuchar. Tenemos que estar quieto y escuchar.

Revelación

En esa temporada de mi vida, Dios empezó a derramar revelación sobre revelación a mí. No se su camino o andar de su fe, pero déjeme decirle, Dios empezó a revelarme cuán real era la esfera espiritual. Empezó a enseñarme cuan real era su palabra y que era viva y respirando. Él me mostró de las gran y poderosa cosas de que yo no sabía. Cómo, que ángeles y demonios son real. Y que hasta nuevos creyentes que tienen Jesus en su corazón tienen autoridad sobre las tinieblas. *"Miren, les he dado autoridad para pisotear sobre serpientes y escorpiones, y sobre todo el poder del enemigo, y nada les hará daño."* Lucas 10:19 (NBLA). Estas fueron verdades que Él me estaba revelando, y era solo el comienzo.

Todavía, tuve que aprender cómo caminar en esta

nueva Verdades, pero para hacerlo las heridas de mi corazón tuvieron que ser removidas y la pureza de corazón restaurada. Tuve que soltar mucho dolor de mi corazón que nublaba mi visión de Dios y el Amor que tiene por mí. Le compartiré más cómo hacer esto en un capitulo mas tarde. La única manera de caminar en nuestra autoridad, dada por Jesus, es saber y creer que somos completamente amado por Dios, el Creador del universo *"... que está sobre todos, actúa por medio de todos y está en todos."* Efesios 4:6 (DHH)

Chapter VI

Hueco en mi Corazón

"Tres cosas hay que son permanentes: la fe, la esperanza y el amor; pero la más importante de las tres es el amor." I Corintias 13:13 (DHH)

Otra tormenta para navegar: ahora estaba cumpliendo 30. Después de la maravillosa y bellas descubrimientos empezaron en mi relación con Dios, usted podría estar preguntando, ¿Por qué importa la edad de 30 años? Aquí se estaba siendo confrontada con una fecha límite que me paralizaba con la noción que mi tiempo estaba expirando, y no podía parar el reloj. A medida que se acercaba mi cumpleaños número 30, mis mas grande temor estaba protagonizándome en la cara. En este momento de mi vida, había llegado a saber que Dios era real, y que Él me amaba sin embargo, yo todavía sentí total desesperación durante del curso y los eventos en mi vida que quería lograr. Esto hizo que me convirtiera Extremadamente frustrada que me llevó a ira y una reapertura de una herida de sentirse abandona, descuidad, y no deseada. Empece a sentirme como si fuese como pañuelo de papel usado que ni siquiera había sido tirado en la basura a donde pertenece, sino tirado al suelo y pisoteado.

Sentí como si Dios estaba burlándose de me. Me encontré sintiéndome que él era una clase de Dios que siempre se salió con la suya, mientras no le importa las necesidades de la gente, ni sus esperanzas, temores, ni sueños. Como si él era un dominante Dios sin compasión con respecto a las cosas que nos importan. ¿Alguna vez te has sentido así de Dios? Me sentí como una marioneta, como una marioneta vacía solamente existente en la vida, pero sin experimentar realmente la vida con que estaba destinada. Sabia que estaba destinada para gran cosas, con una vida de significado pero sin embargo, todo sobre las circunstancias de mi vida, parecía de lo contrario.

Yo tenia una fe que se estaba rápidamente apagando, y una esperanza que parecía estar fallando me, sin embargo, me estaba perdiendo el factor mayor y más importante que fue un Amor inagotable que en mi conocimiento aun no existía. Un amor perfecto que me alcanzara y abrazara en toda área de mi vida. Esto parecía ser un producto de mi imaginación.

A medida que se acercaba mi cumpleaños número

30, me dije a mí misma, "Bueno si voy a ser miserable, entonces podría ser miserable en el ¡paraíso!' ¿Entonces, qué hice? Me reservé un vuelo y hotel para Hawai para 'celebrar' mi cumpleaños—o más como para olvidar, y distraerme y escapar mi realidad. Aquí está lo gracioso: este viaje permitió tachar de mi lista de deseos o de mí 'lista de Sueños,' Mientras es verdad que tuve momentos de hacer mis fiestas de lastima durante el viaje. La pasé bien fui a bucear con tubo y hacer parapente. Probé comidas increíble como hamburguesas ahí, gambas al coco y malasadas. Llega a sentarme en una hermosa playa y arena, escuchar las ondas del mar, y ver la puesta de sol. Realmente fue un gran momento en paraíso. Sin embargo, todo el tiempo allí, lo sentí-sentí el hueco en mi corazón; sentí un vacío. Aunque yo estaba en el paraíso (y realmente fue increíble), sentí que no debería quejarme y que tenía tantas cosas para estar agradecida. No estaba agradecida en absoluto. Aunque fue una 'experiencia perfecta,' todavía me cía falta lo que siempre deseaba. Alguien con quien compartirlo. Un hombre un novio un esposo. Y Aquí todavía estaba soltera. La verdad es que idolatraba la idea de tener quién me ame. Idolatraba romance y amor. Quería ser amada y aquí estaba sola en paraíso. Sola... soltera... no deseada. Yo podía escuchar esas tres palabras ser eco en mi mente.

Realmente no registró cuán profundo estaba este vacío hasta aproximadamente 2 semanas después que regrese de mi viaje. Todavía vivía con mi familia-un hermano y su familia. La casa de mi hermano tenia chimenea, y dos hogueras afuera-disfrutaba creando fuegos¡ Un día particular, cuando nadie estaba en casa. Comencé a habitar como mi vida fue una decepción y cómo me sentí rechazada y sigue pensando que el amor no existía. Me enfurecí y la amargura se levantó dentro de mí. Terminé agarrando uno de mis diarios, este era un diario especial donde anote todos mis sueños, esperanzas, y deseos de vida. Con mis ojos inundando de lagrimas y corriendo por mis mejillas, y furia saliendo de mí yo arranqué cada una de las página de este diario. En uno de las hoguera afuera, creé para mí un fuego bastante bueno alimentado con toda mi decepción y ira. Incluso agarré mi lista de sueños tamaño de bolsillo que cargaba con migo a todas partes, y también lo tiró al fuego.

Todo lo que puedo decir que lo había dejado todo por terminado. Tuve suficiente de este soñar y altas esperanzas para mi vida y futuro. Parecía como si yo no era digna de cosas buenas, y quizá yo bien podría parar de pelear. Ya había pasado una larga temporada de muchas, muchas lagrimas, cayendo a mi almohada cuando le oraba a Dios y le pedía que me llevara a mi casa en el cielo. Quería que Él me llevara de la vida de esta tierra y solo sacarme, porque en mi mente no había ningún sentido quedarme en esta tierra más tiempo. Continué sintiéndome como si no tuviera importancia. Me sentía rechazada y como que nadie me extrañaría si no estuviera aquí. Yo solo quería morir.

A este puto, la escritura que dice, "Donde no hay visión, el pueblo se extravía"(perecerá) proverbios 29:18

(CST) y esto se convirtió en realidad para mí. ¡Yo me estaba deberás pereciendo! ¡Deje todo dentro de mi morir! No importa cuánto lo intenté para mantener mis sueños vivos, los temores y rechazos de mi pasados todavía parecían ser más grande.

En este punto empece simplemente haciendo los mociones de 'siguiendo a Jesús' y 'haciendo' sus mandamientos. Se sentía como que estaba tomando ordenes 'del jefe' ¡y yo estaba desarrollando una actitud! No estaba siendo amiga Al Único amigo verdadero quien dio el acto final de amor por mí, quien dio su propia vida por mí. (Juan 15:13). Mi mente lo entendía pero mi corazón no podía sentirlo. No estaba experimentando su amor y yo no sabía por qué.

La Verdad Sea Dicha

Han sido cinco meses de mi acto épico de 'destruir mis sueños,' cuando me decidí para asistir a una nueva iglesia. Ese primer domingo de pie en adoración, recuerdo haber escuchado a alguien en el equipo de adoración en el micrófono diciendo "hay algunos de ustedes que no creen en el poder del amor de Dios." Era como Dios había hablado esa declaración directamente a mí, y de inmediato respondí con un grado actitud. "Dios, yo sé que tu amor es poderoso," Repliqué. Este breve intercambio de conversación que acabe de tener con Dios se quedó en mi mente.

En la declaración del miembro del equipo de adoración había dicho una palabra clave que me llevaría casi un año para captar. La palabra era 'Creer' es posible que hayas notado que en mi réplica, le dije al Señor que yo 'sabía' que su amor era poderoso. En el comienzo de este capítulo, yo mencione que "había llegado a saber, que Él me amaba." **Hay una gran diferencia entre 'saber' y 'creer,'** Por favor tome un momento dejar que eso se absorba. En el momento de la revelación para mí, me sentí increíblemente como que Él "me llamo ase afuera" (así-es el dicho) y una gran convicción por mi respuesta instantánea a Dios. Hay una diferencia tan marcada entre saber qué el Amor de Dios es poderoso y *creer* en el poder de el Amor de Dios. Esto va en el trayecto "de la cabeza al corazón."

Esto es un viaje que usted también esta, un viaje en que todos estamos, ya sea que lo reconozca o no. La belleza de todo esto es que usted no está solo. El enemigo quiere que usted piense que esta solo. El quiere que usted crea que eres el único que no es amado, el único que avergüenza´ no se pude´ quitar, el único que 'no puede' ser redimido. Estoy aquí para decirle que eso es una gran mentira. Juan 3:16 nos dice que, "*Pues Dios amó tanto al mundo, que dio a su Hijo único, para que todo aquel que cree en Él no muera, sino que tenga vida eterna.*" (DHH) La palabra clave clave aquí es '¡Aquel!' ¡Aquel soy yo! ¡Aquel ere tú! Aquel es cualquier persona —cualquier persona a pesar de su pasado, a pesar de su errores, a pesar de sus fracasos. Ninguno de esos nos aleja de este Amor que es tan poderoso, que nos da nueva vida y vida en abundancia. El momento que usted cree en el Amor de Dios para usted, ¡lo cambia! El viaje vale la pena.

Confesión de Su amor

La revelación llego a mí en la primavera del año 2019, en mi tiempo de oración en el piso de la sala, en la casa de mi hermano. Empezó con migo en mi rodillas, sollozando durante mi tiempo con Dios. (A estas alturas probablemente sepas una cosa sobre mí, yo lloro mucho) lo que había hecho las compuertas de mi corazón que se abrieran y ojos lleno de lagrimas fue cuando me escuche declarando en voz alta a Dios las cosas que mi corazón estaba aprendiendo y empezando a creer de Él y Su Amor.

Aquí en la sala después de una oración sincera para otros, me escuche decir, "...porque Tu amor, Dios, es verdaderamente poderoso, y es la única cosa que rompe todas cadenas, realmente vence al mal y destruye el temor..." tan pronto como había hablado aquellas palabras, de momento el intercambio de conversación que tuve con Dios en el primer domingo en la iglesia volvió a mi mente. ¡En ese momento, me di cuenta de la poderosa diferencia de que la mente sabe y lo que el corazón cree!

"Porque con el corazón se cree para alcanzar la justicia, pero con la boca se confiesa para alcanzar la salvación." Romanos 10:10 (RVC)

Aunque esa escritura habla de nuestra salvación, también se refiere a la fe y creyendo. Es cuando nosotros confesamos con nuestras boca que somos justificado. Me acuerdo sintiendo un sentido abrumador de aprobación de Dios, y también una sensación como si finalmente hubiera pasado la ¡prueba! Mi corazón, mi mente, y mis palabras finalmente se había alineado con lo que Dios había estado intentando de decirme todo el tiempo de Su Amor. Escucharme hablar en voz alta escucho lo mucho que realmente creo que el amor sí existe, si conquista el mal, y tiene poder, y realmente ¡vence! Yo pude escucharlas respuestas saliendo de mi propia boca, respuestas a todos los llantos de mi corazón que había ¡gritado al aire!!

Ese había sido un gran viaje para mí—cuando llegué al punto más bajo en el año 2015, Dios revelándome cuán real el mundo espiritual es. Dios demostrando cuán real y personal que Él es, y ahora el estaba revelando la cosa más importante que he llegado a saber y lo más importante cosa todos anhelamos creer: que su Amor es real, que su Amor es verdad, que su Amor todo poderoso y hermoso. Esta revelación no cambio mi vida durante la noche, todavía he tenido que aprender a caminar lo; pero Él hizo un punto para darme a conocerlo y Él hará lo mismo para usted. Él no me Ama más que usted. Él lo ama de la misma manera, con abundancia de amor.

Deseo Cumplido

Sepa esta verdad: Su Amor es la única cosa que nos puede cambiar. Es tan poderoso y es la única cosa que puede remendar un corazón. rompe ataduras, rompe cadenas y incluso hecha afuera todo temor. Todo lo que me había detenido, Amor realmente rompió paso.

El vacío—ese hueco que existió mucho tiempo en mi corazón, se lleno con el Amor de Dios, cuando yo finalmente me rendí, cuando finalmente confesé que era real. Cuando entro el Amor, comenzó la reparación de mi corazón. Causando temor irse, causando rechazo irse, causando el trauma que sea curado. Este Amor es el deseo cumplido. La esperanza en mi corazón ahora estaba completa. Su Amor en mi corazón es lo que me hizo sentir entera otra vez, es que causo mi corazón latir otra vez con vida¡

Compartí en el capítulo 2 que hay esperanza para usted. Proverbios 13:12 era el verso usado en el comienzo de ese capítulo.

"La esperanza que se demora enferma el corazón, pero el deseo cumplido[a] es árbol de vida." Proverbios 13:12 La Biblia de las Américas.

Por todo el libro he mencionado, que se puedes

estar preguntando cómo es posible que yo tenga 'deseos cumplidos' ¿Ya que no estoy casada todavía? Con el matrimonio siendo mi mayor deseo ¿cómo seria posible para yo tenerˊ deseos cumplidoˊ?

Simplemente, el vacío y hueco en mi corazón que tenia era porque no era completamente amada—toda de mí. Lo que Dios me revelo es que cómo seres humanas, Todos tenemos un innato deseo—un deseo desde nuestro nacimiento—de ser amado. Había reemplazado los deseos que Dios me dio al nacer con el deseo de estar casada, pensando que así era que yo sería completamente amada. Yo pensaba una vez que me casé, ENTONCES sería amada y hecha completa. Seguí sintiendo la decepción y la ansiedad de que el matrimonio no pasaría. Ahora sé completamente qué soy amada por Dios aunque no tenga ¡esposo!

Cuando me volví de todo corazón a Dios, mi Dios dado deseo innato de ser amada se cumplió. Todo lo que necesitaba era creer y recibir. Yo necesitaba creer que yo estaba total y completamente amada ya por el Dios de Amor, Él Dios que es amor (Juan 4:8). Necesitaba creer que era Amada por El Amor mismo.

¿Y tal vez aquí es donde usted también, estás? Tal vez desea ser amado; tal vez estás esperando a un cónyuge, tal vez haz puesto su esperanza en su familia, hijos, amistades, iglesia, alcohol, drogas, sexo, trabajo, negocio, dinero, estar sano, haciendo ejercicio, tratandoˊ llenarˊ su vacío, su deseo dado por Dios de ser amado. Hermano y hermana, por favor tómate el tiempo para parar en este mismo momento y respirar. Reconocer y creer que Dios ya ha derramado su intenso amor infinito por usted a través de su hijo Jesús en la cruz para que podamos ser amados por Dios por el resto de nuestras vidas.

Es sólo el amor de Dios que llenará este hueco en su corazón y hacerlo completo. ¡*Él está cerca de los quebrantados de corazón* (Plasmó 34:18), Él es fiel para remendar y restaurara su corazón; aún más, Él convertirá en un árbol de vida, tal como Él hizo con la mía!

Chapter VII

Amor Perfecto

"En el amor no hay temor, sino que el perfecto amor echa fuera el temor, porque el temor lleva en sí castigo. Por lo tanto, el que teme, no ha sido perfeccionado en el amor." 1 Juan 4:18 (RVC)

Yo finalmente estaba creyendo que Dios es todo de lo que Él decía quién Él era. Que Él me amaba, que de verdad se preocupa por todas las heridas de mi corazón. ¡Y que tiene un plan ¡para mi! Sabía que estaba siendo perfeccionada con nuevo entendimiento de Dios y como Él estaba operando en mí vida. entonces comenzó a enseñarme del amor perfecto.

En este punto, te estarás reflexionando ¿Que es amor perfecto? Cubriré esto más tarde en el capítulo, pero brevemente, amor perfecto es Jesus, amor perfecto es Dios. Como he mencionado antes, Dios es amor. Amor es una acción poderosa con intención y elección, pero amor es algo que todos buscamos, algo que llena nuestro corazones y hace completo de nuevo.

Busqué la definición de amor. Una definición dice que ´busca el bienestar de todos´ en corto, es un acto desinteresado¡ Otra definición que mantuve encontrando era ´afección´ Por el Merriam-Webster Diccionario, la primera definición de afección es, ¨un sentimiento de agrado y cuidado para alguien o algo: apego tierno.¨ quiero llamar su atención a la porción 'cuidado' de la definición 'ser cuidado' es ante todo lo que yo hubiera querido sentir-sentirme amada y aceptada por alguien que yo sabía que cuidara de mí.

Dios se preocupa tanto por ti y por mí. Él se preocupa tanto por nuestras vidas, nuestro bienestar y nuestros corazones. Él es intrincado, detallado, y complejo. Puedo compartir historia tras de historia de que personal Él ese como Él estado en mi vida incluso en las formas más pequeñas y me gustaría compartir unas de esas experiencias con usted ahora.

Después que le dije a Dios que estaba terminada con mis sueños y que yo los enterraría, todavía estaba bastante amargada y enojada cuando empece ir a la nueva iglesia a donde el profundo Amor de dios estaba discutido con frecuencia. En el primer día cuando le había replicado a Dios, también hubo un tiempo durante el servicio de adoración cuando otro miembro del equipo tomó el micrófono y nos indicó que pusiéramos nuestra mano derecha sobre nuestros corazón. Ellos continuaron diciendo que Dios quería revivir sueños que fueron enterrados. Se lo diré al principio no estaba encantada escuchar esto—solamente estoy siendo honesta. Ahora que miro hacia atrás puedo ver que Dios estaba siendo simplemente íntimo y cariñoso de lo que eran mis deseos. Él no quiere que nuestros corazones esten pesados, triste, heridos, o curtidos.

Él realmente se preocupa por nuestro corazón y los deseos de nuestros corazones. Escuche me otra vesdeseos del corazón, no deseos mundanos. Él se preocupa tan profundamente que usará a otros para hablar en nuestras vidas. Él quiere sanar los daños y las heridas que causaron que nuestro corazones endurecerse para que podamos recibir más de que nosotros pedimos-y podemos ser agradecidos no intitulado. Él se preocupa por usted.

El Poder del Amor de Dios

El Amor de Dios es tan perfecto y tan poderoso que echa fuera ¡todo temor! Ha habido muchas increíbles verdades que Dios me ha revelado en cuanto a su amor por mí. Lo primero es lo contrario que el temor no es la fe. Tantas veces he escuchado la frase, "Tu fe tiene que ser mas grande que tu temor," de lo que nunca pude estar de acuerdo con todo corazón. Lo que Dios presiono sobre mí y me enseñó es que para poder quitar temor, solo hay una cosa que puede hacerlo. Eso es Amor—perfecto Amor, cual es el Amor de ÉL.

No me malinterpretes, innegablemente vas a necesitar fe, pero para echar fuera temor, es Amor lo que lo hace. La palabra de Dios dice que *"el perfecto amor echa fuera el temor´"* 1 Juan 4:18. En la Nueva Traducción Viviente que me habla tanto, dice, *"En esa clase de amor no hay temor, porque el amor perfecto expulsa todo temor. Si tenemos miedo es por temor al castigo, y esto muestra que no hemos experimentado plenamente el perfecto amor de Dios"*

La fe seguramente será necesario en el proceso. Escritura dice *ÉS pues la fe la sustancia de las cosas que se esperan, la demostración de las cosas que no se ven.´* Hebreos 11:1(RVA) y también dice *"En realidad, sin fe es imposible agradar a Dios"* Hebreos 11:6 (NVI) esto es una importante verdad de agarrar.

Escúcheme, cuando se trataba de mi esperanza todos los sueños y deseos reales no eran las cosas que yo pensaba que esperaba mas. Lo que mas deseaba era una sola esperanza general ser verdaderamente amada. Esta esperanza general me señalo a Jesus. Temprano en mi viaje, Dios me dio, Salmos 27:4 (CST) *"Una sola cosa le pido al Señor, y es lo único que persigo: habitar en la casa del Señor todos los días de mi vida, para contemplar la hermosura del Señor y recrearme en Su templo—(Su presencia)."* Él usó esta escritura para hablarme, y empezó a agitarme para Buscarlo, y me susurró que Él era la respuestas y que Él tiene todo yo posiblemente podría necesitar.

Otra revelación para mí en este viaje de Amor estaba en aprender la conexión con 1 Juan 4:8 *"Dios que es amor"* y 1 Juan 4:18 *"perfecto amor echa fuera el temor."* Como Dios es Amor, toma se necesita fe para colocar nuestra esperanza en el amor de Dios, creyendo tanto que Él nos ama que somos incuestionablemente convencido de que vendrá a través de y que no va a dejarnos caer. Entonces nuestra esperanza está arraigada en amor. Entonces permitimos que el amor de Dios nos guie y cuando lo hacemos el temor es echado fuera.

Otra cosa maravillosa es que este amor—el amor de Él es lo único que quita la heridas, el daño, el dolor, la ira, la amargura, el rechazo y la desilusión en nuestro corazón.

¡Su amor es así de poderoso! Amor entra y restaura cada área haciendo toda área completa de nuevo y traerla de vuelta a la vida. Nuestro corazones empieza a latir a una nueva canción. Eso es lo que puede hacer el Amor de Dios, tal como lo hizo por mí.

Amor Perfecto Revelado

Dios me dio un sueño que me ayudo a entender cuán poderoso es Su amor.

Aquí estaba mi sueño:

Yo estaba rascándome mi espalda baja derecha con mi

mano derecha, de momento sentí 'algo' seco y escamoso en mi espalda, también comencé a ver y sentir en mi hombro izquierdo. Era diagonal a través de mi espalda, desde la parte superior de mi hombro izquierdo bajando a mi parte baja de la espalda derecha. De alguna manera sabía que era de color amarillo y lo que yo había tocado era una especie grande de parásito. Luego vi cuatro de estos parásitos más pequeño de diferente colores en el dorso de mi mano izquierda. Pude eliminar los de mi mano´pelando´ los con mi mano derecha. Cuando los había pelado, la capa superior de mi piel fue arrancado con ellos, pero no causó sangrado.

Final del sueño.

Interpretación de sueño:

Los parásitos escamoso representaba cargas, demonios, maldiciones generacional, fortalezas. Los mas pequeños en mi mano eran menos serios, superficiales y mas fácil para eliminar—por eso puede pelarlos con mi mano. La autoridad de un 'criente' puede fácilmente eliminar estos y yo opere en mi autoridad. Sin embargo, el parásito en mi espalda representaba un tema mas grande y mas profundo, y el hecho que estaba en mi espalda indicaba que el tema era algo persistente. El color amarillo representaba el espíritu de temor. El parásito en mi espalda era una fortaleza de temor que no trajo más que muerte y falta de vida a mi vida.

Por este sueño, la fortaleza que yo tenia en mi vida (cual no era de Dios) fue expuesto y revelado. Ya era hora para que el temor sea eliminado de una vez por todas.

Presionando en el sueño:

Cuando tenemos un sueño que no tiene sentido y todavía tenemos preguntas, siempre es bueno ir a Dios y presionar hasta que tengamos contestas. Puedo escuchar algunos de ustedes preguntando.´¿Cómo presiono?´ y, ´¿qué quereres decir con presionar?´ Lo que quiero decir que mientras le hago preguntas a Dios, presiona para escucharlo hablarle a usted y con sinceridad busque contestas. (En los próximos párrafos Voy a compartir con usted lo que hice para presionar en con respecto a este sueño.) Yo estaba tan intrigada por este sueño que quería contestas. Durante unas tres horas mientras trabajaba en mi oficina, persistentemente dejo que mi mente y pensamientos presionan. Me acuerdo entrando al baño para encontrar un lugar privado para orar en lenguas y crear un espacio para un descubrimiento. Sabía la importancia de presionar, y Dios a menudo me habla cuando yo empiezo a orar en lenguas. Era vital que yo preguntara por contestas y descubrimiento, y preguntara atentamente aunque yo estaba en el trabajo, anhelo su voz y su presencia.

La mas grande pregunta que quedó sin respuesta después de ese sueño para mí erá ¿Cómo me quieto ese repugnante parasitó de mi espalda?´ Aunque no estaba en mi espalda físicamente, sabía que estaba realmente sobre mí en el reino espiritual. Me daba tembleque de solo de pensarlo, ¡así que quería que se fuera! lo que sucedió después fue una conversación que tuve con Dios en el

baño en el trabajo que fue de la siguiente manera:
Yo: "Dios, es físicamente imposible para quitar me esa cosa de mi espalda. ¿Por favor PUEDES quitar me lo? Dame una visión de tu mano bajando y pelarme lo de mi espalda."
Dios: "No Maritza."
Yo: [en una súplica desesperada] "¿Perdón? ¿Porque no? Dios, ¡necesita quitarse!"
Dios: "Maritza, No haré eso porque quitando lo arrancaría trozos de tu carne porque esta profundo llegando a tu hueso. Si hacíera eso te mataría."
Yo: (caminando de regreso a mi escritorio, conteniendo las lagrimas me siento y sigo hablando con Dios). "¿Bueno, Señor me puedes ayudar? ¿Ayuda me con lo que tengo que hacer? Señor no quiero que esta cosa este sobre mí."
Dios: "Esa cosa esta criando falta de vida en ti. ¿Maritza, qué da vida?"
Yo: (Afortunadamente, yo había leído las escrituras esa semana, que me dio la contesta) "Èmm....sangre, Dios—la sangre lleva vida."
Dios: [Mirándome con una enorme sonrisa en su cara mientras me deja pensar] **Yo:** "¡La Sangre de Jesus!"
Dios: "Correcto, ahora aplícala a tu espalda y sobre tu vida."

En este punto me levante de mi escritorio, regrese al baño y entre en el cubículo. Cerré mis ojos y solo imaginé la sangre de Jesus siendo derramada sobre mi espalda. Lo que vi siguiente fue ¡increíble! Esta `cosa´ sobre mí

No le gusto LA SANGRE! ¡empezó a soltarme! Tiene tentáculos que había entrado en mi carne y se envolvió alrededor de mi espina dorsal mientras la sangre de Jesus se derramaba sobre mí, empezó el parásito feo quitarse y descargarse de mi. ¡Fue como yo era una patata caliente para eso! ¡Quería deshacerse de mí! Lo vi soltar y desapegarse de mi espalda y caerse de mí. Mi carne estaba intacta, mi piel estaba suave y saludable.

¡Hablar sobre el amor perfecto que echa fuera todo temor! ¡Amen y Aleluya!

¡GUAU! ¡Lo que este Amor puede hacer! ¡El Amor de Dios es tan poderoso, expulsa todo temor! Y el temor aparece de muchas maneras diferentes.

Un libro que me ayudo romper mas fortalezas de temor sobre mi vida es: "Destruir Temor" (Destroying Fear) por John Ramirez este era un libro que me hizo dar cuenta que el temor puede también ser en forma de inseguridad, ansiedad, aislamiento. Vi que él en mi vida llego de mucho rechazo. Y déjeme decirle rechazo es algo feo con que lidiar. Y el Amor es la único manera de romperlo. Por largo tiempo cómo no tuve problema me sentí como si nunca hubiera pertenecido a ningún lado—no en mi familia, o en mi iglesia, o entro eventos sociales. Yo no tenia problema socializando, eso es por seguro, pero nunca sentí como si perteneciera. No fue hasta este amor, este genuino amor perfecto amor de Dios, fue derramado en mi propio corazón pude recibir el genuino amor de los demás.

¿Qué es este amor perfecto?

"El amor es paciente y bondadoso
El amor no es envidioso.
No es presumido ni orgulloso.
El amor no es descortés ni egoísta.
No se enoja fácilmente.
El amor no lleva cuenta de las ofensas.
No se alegra de la injusticia, sino de la verdad. El amor acepta todo con paciencia.
Siempre confía.
Nunca pierde la esperanza.
Todo lo soporta."
1 Corintios 13:4-7 (PDT)

Esta escritura nos da una descripción de amor, una manera para saber lo que se parece el amor. Y lo que realmente quiero que usted comprenda es que la derramada y vertida Sangre de Jesús ES el Amor perfecto. Jesús voluntariamente hizo una elección permitir su vida ser sacrificada por nosotros, una elección ir a la cruz para redimir nos, una elección ser torturado y crucificado en orden de ser todo mal bien entre Dios y nosotros. La palabra también dice *"El amor mas grande que alguien puede demostrar es dar la vida por sus amigos."* Juan 15:13 (PDT) esa escritura es exactamente lo que la sangre de Jesús representa—su elección para derramar su sangre, para dar su vida para usted y para mí. Esta es el acto final de amor sacrificado.

Eres Amado

Todos tenemos que agarrar que somos absolutamente Amado más allá de toda medida, eso incluye a usted. Simplemente, Dios lo ama tan profundo que Él ha dado a su Hijo unigénito *para usted*—Él se llama Jesús. Y cuando llegó el momento del tiempo, Jesús voluntariamente hizo la elección de ir a la cruz por usted. Lo voy a repetir otra vez, Jesús hizo la elección a ir a la cruz por ¡USTED! Él se sacrifico para usted. Y al aceptar su sacrificio de amor por usted, puede que no solo tenga vida eterna, pero puede experimental Su amor ahora para que su corazón puede ser completamente restaurado y puedes ¡vivir de nuevo!

Si nunca has recibido a Jesús como su Señor y Salvador, este es el momento perfecto para usted aceptarlo y recibirlo. No hay mejor momento para recibir este amor perfecto en su corazón. Él ya ha pagado el precio y Él lo llama `Amado y Aceptado´. Si usted quiere saber y experimentar este amor que Él ya a derramado por usted, ahora es el momento para recibirlo. No tienes que ir a la iglesia o realizar cualquier tipo de ritual. Todo lo que tienes que hacer es hablarle a Él de su corazón. Si no tienes palabras, puede decir algo como lo siguiente:

Jesús lo siento por mis pecados en mi corazón que me han mantenido aparte de ti. Lo siento por las cosas que he hecho mal contra ti. Lo siento por buscar amor en formas que no están arraigadas en ti. Yo abro la puerta de mi corazón para ti. Yo elijo creer en ti y hacerte Señor de mi vida. Elijo tu amor y elijo vida. Gracias por lo que hiciste por mí en la cruz, y gracias por tu amor derramado por mi. Lléname con todo tu amor y lléname con tu Espíritu Santo. En tu poderoso y precioso nombre, yo oro. Amen.

¡Bienvenido a el mejor viaje de aventura alguna vez usted tendrá! Este es un viaje en descubrimiento de su propósito y de vivir la vida que estabas destinado a tener, llena de bondad que desea su corazón—¡AMOR, paz y gozo!

Chapter VIII

Confianza En el Amor

Yo pertenezco a mi amado, ¡y él me desea! Cantares 7:10 (PDT)

Honestamente, creo que tenemos que leer esa escritura en voz alta. De acuerdo vamos a leerlo de nuevo y y quiero que lo dejes hundirse antes que sigas leyendo, "*Yo pertenezco a mi amado, y él me desea!*" Cantares 7:10 (PDT) Medita en esto, deje que cada palabra volverse real para usted, y deja que cobre vida.

Tome el tiempo dejar que tu alma y espíritu este empapada en las escritura. Esta fue una escritura que realmente me habló y y me ayudó a caminar en confianza, sabiendo que el Dios de amor me mantiene, me ama, y me ayuda. Pertenecer a alguien da una sensación de seguridad. Por favor escuche me. USTED PERTENECE al Dios de Amor y Él quiere lo mejor para ¡usted! Él quiere mostrarte grandes cosas y darte alegría.

Anhelo que esta escritura me la hubieran dado a mí hace mucho tiempo. Incluso yo anhelo que viera escuchado sobre el Amor de Dios temprano en la vida. La realidad es, lo que yo he pasado me ayudó a descubrir y experimentar el Amor Verdadero, y para poder compartirlo con usted-y por todo eso, estoy agradecida.

Yo en actualidad no encontré esta escritura hasta después de tener una confianza en el Amor. 'Descubriendo' solidificó aún más mi fe en el Amor de Dios por mí y ha anclado aún más mi creencia de que Él realmente quiere lo mejor para mí. Algunas veces nosotros debemos dar un paso en la fe para para descubrir que Dios no nos falla sino más bien de hecho quiere y tiene lo mejor para nosotros, más allá de lo podemos soñar pedir, o imaginarnos. (Efesios 3:20). Es solo después que nosotros salimos con un paso que encontramos las abundante bendiciones de Dios.

Cuando empezamos a caminar con confianza en este Amor, cosas asombrosas empiezan a pasar. ¡Experiencias maravillosas que usted nunca se imaginara y oportunidades de hacer cosas que no esperaba que hicieras! Es diferente para todos así que es importante no comparar. Para mí, de una vez que empece a caminar en esta confianza, puertas empezaron a abrirse. Empece a escribir, y déjeme decirle, yo nunca me imagine que yo haría esto. Desde que estaba en la escuela secundaria, no me a gustado escribir. ¡Entonces me encontré viajando a países ni sabia que existían! Así es como obra Dios. Cuando finalmente entras en un lugar donde no piensas demasiado, o sobre analizas todo. Él te guía y te lleva a lugares más allá de lo que usted a pensado. Yo también me he encontrado hablando en los escenarios compartiendo sobre el amor de Dios. Llorando con el corazón lleno de gratitud, me di cuenta que estaba haciendo usada para hablarle a las vidas de la gente y darles esperanza. Esto estaba más allá de mí de hecho. Sé que para algunos que estas leyendo esto, esto podría asustarlo un poco. podrías estar pensando 'yo nunca haría eso,' 'yo nunca nunca podría hacer eso.' Escuche me, la gracia de Dios llega con ayuda, junto con Su amor. Cuando usted sujeta el amor que Él tiene para usted, harás cualquier cosa para Él, querrás que otros llegaran a conocer este Amor.

Caminando en Amor

Ahora que has aprendido que Dios lo Ama, que le perteneces, ¿ahora qué? Bueno, aquí es donde lo caminamos a nuevo cada día. Aprendemos caminar en Su Amor. Nosotros caminamos sabiendo que el Dios de Amor siempre esta con nosotros. Usted es las regalías belleza, camine mano en mano con su Rey, majestuoso y seguro. Caminamos sabiendo que somos amados y protegidos, caminando en confianza que ya nada puede hacernos daño. Caminando en confianza donde ningún miedo puede residir más, solo Amor.

Caminando en el Amor de Dios es viviendo la vida en tal manera donde el amor que hemos recibido de Dios se desborda es vertido sobre otros, es decir., empezamos a querer amar a los demás también. "*Sed, pues, imitadores de Dios como hijos amados. Y andad en amor, como también Cristo (Él Mesías) nos amó, y se entregó a sí mismo por nosotros, ofrenda y sacrificio a Dios en olor fragante.*" Efesios 5:1-2 (RVR1960) Yo terminé el capítulo anterior con el pasaje de las escrituras del 'Amor' 1 Corintios 13:4-7 eso explica que es el amor, pero creo que es crucial dejar también que el verso Efesios 5:1-2 filtrarse en su corazón y alma. En corto, el amor es esto: Dar su vida por los demás. "*Conocemos lo que es el amor verdadero, porque Jesús entregó su vida por nosotros. De manera que nosotros también tenemos que dar la vida por nuestros hermanos.*" 1 Juan 3:16 ¡Guau! Yo se es difícil imaginarlo, pero puedo decir que una vez recibes el conocimiento de Su Amor—la revelación de Él—entonces este caminar de amor comienza a derramarse de usted de tal manera en formas que no puedes comprender. Es como en Efesios 3:19' dice, es un *amor que sobrepasa el conocimiento.*'

El desbordamiento del amor de Dios es *la perfecta ligadura de unidad* (Colosenses 3:14). es lo que nos permite vivir vidas llena de paz y armonía con todos, inclusivo con nosotros mismo. Amándonos a nosotros mismo es algo con que muchas personas tienen lucha, hombres y mujeres por igual. La verdad sea dicha, esto es algo que necesita pasar Antes de que podamos amar a los demás. Cuando le preguntaron a Jesús cual es el mayor mandamiento, Él respondió: *'Y amarás al Señor tu Dios con todo tu corazón, y con toda tu alma, y con toda tu mente y con todas tus fuerzas. Este es el principal mandamiento.' Sin embargo, Jesús no se detuvo allí. El continuo diciendo. `Y el segundo es semejante: Amarás a tu prójimo como a ti mismo, no hay otro mandamiento mayor que estos.* ´Marcos 12:28-31 (RVR1960) Este mandato tiene dos en uno que van juntos—amar a Dios primero, y antes que amar a su prójimo, tenemos que amar nos a nosotros mismos.

Si estas luchando con amarse sí mismo, acérquese a Dios. Santiago 4:8 dice, *"Acérquense a Dios, y Dios se acercará a ustedes."* Él es el único, quién será capaz hablar a esos lugares, donde no se siente que puede amarse a sí mismo. Él lo ayudara a versé asimismo en la forma en que Él lo ve, y esto cambiara como usted piensa de sí mismo, y como usted se ve a sí mismo. Incluso ahora, yo oro en el nombre de Jesús que Él empieza a cambiar su perspectiva sobre cómo se ves a sí mismo. Acuérdese que Dios lo creó a su imagen. Entonces Dios dijo: *"Hagamos a los seres humanos[a] a nuestra imagen, para que sean como nosotros."* Genesis 1:26 (NTV) Dios no crea basura. Tú mi amigo eres maravilloso, bello, digno, y valioso.

Caminar Digno y Completamente Amado

"Sobre todas estas cosas, vístanse de amor, que es el vínculo de la unidad." Colosenses 3:14 (NBLA)

Esta es una instrucción; nos dice qué nos vístemos de Amor. Esto suena tan simple sin embargo, lo complicamos demasiado. Amo por completo como Efesios 4:24 dice: *"Y vestíos del nuevo hombre, creado según Dios en la justicia y santidad de la verdad."* (RVR1960) Nosotros debemos vestir nuestro nuevo ser con Amor, justicia y santidad. Nos las ponemos cómo nuestras túnicas regalías para usar todos los días y caminamos digno del de el Amor que hemos recibido. Caminamos como las regalías en este amor, con confianza, sabiendo de quién somos, y sabiendo que el Rey sobre todo es el que nos amas, y pelea por nosotros, y quien nos mostró su amor por nosotros dando su vida primero. ¡Eso ahí mismo me hace sonreír, y yo espero que te des cuenta la verdad en esto también!

Así que sea lo que sea por lo que estás pasando incluso en este momento, mi esperanza para usted es que llegara a aprender más de ponerse este amor, este amor que ya es suyo. No mirar mas las circunstancias, ni errores, o el pasado, pero mira el Uno que ya ha dado Su vida por usted, quién dice que usted es justo, santo, intachable, y puro. Póngase este manto. Póngaselo sabiendo que usted es un heredero legítimo. somos co-heredero con Jesús, que dice que tenemos el derecho de ponerlo todo lo que Él es. Jesús dio su vida en Amor, para darte la de Él. El gran intercambio. Nuestros trapos sucios, por sus vestiduras blancas inmaculadas. Me he ido de un lugar de tener un corazón lleno de trauma, de odiarme, de ser amargada, decepción, enojada, deprimida, sin esperanza, a un corazón lleno de vida, alegría, paz, baile, la risa, y canto, Y estoy emocionada de estar viva de nuevo, todo por este amor. Estoy completamente restaurada. ¡Esto también está disponible para usted!

No puedo enfatizar lo suficiente que asombroso es este amor. Realmente es *mejor que cualquier otro.* El amor más perfecto, más maravilloso en el que Dios no puede mentirnos. Él es la persona perfecta para darnos amor. porque su NUNCA decepciona. Te perderás en Su amor, solo querrás más y más de ello.

Mí Oración Final por Usted

"...Y pido que, arraigados y cimentados en amor, podáis comprender, junto con todos los santos, cuán ancho y largo, alto y profundo es el amor de Cristo (Mesías); en fin, que conozcáis ese amor que sobrepasa nuestro conocimiento, para que seáis llenos de la plenitud de Dios." Efesios 3:17-19 (CST)

Atmosfera de Amor

Creando un lugar seguro en tu corazón para recibir amor.

Esta sección tiene tesoros que me gustaría compartir contigo que me ayudó
ser amada por amor. Estos pueden ayudar a crear una atmósfera en tu corazón
por permitir el amor hundirse en lugares que no sabias que existía. Usted puede
encontrar que estos ayudan "romper tu corazón abierto" como lo hicieron por mí.
Ya sea si la ayuda o no estos son para que los disfrutes.

Las decoraciones aquí son entradas de diario personales desde cuando estaba empezando a permitir el amor de Dios para entrar en mi corazón, y entradas de mi asombro de Su amor.

Nuestra alabanza y adoración son son armas contra la desesperación.

Mí Experiencia de Su Amor:

Su amor es lo único que puede romper ataduras y cambiarnos. Mientras

aprendi más y Lo buscó más, Él me mostró que Él quería trabaja en mí. Al darme
el Salmos 27:4, Él me dijo que Él quería yo solo dejarlo ir y aprender permitirle a
ÉL solo amarme.

Miro hacia atrás, y sí fue aterrador. Fue tan aterrador a permitir que alguien me
ame, porque el amor es tan poderoso. Pero Dios es amor. Él es perfecto y nunca
puedo dejar nos defraudado. Él es la persona más segura podemos permitirnos
amarnos. Él es fiel el no puede mentir, le encanta amarnos y danos gracia, y Él
esta lleno de misericordia. Él nos hace hermosos en Su amor.

Entrada de Diario 8/29/18: este es lo que Él estaba diciéndome, pero inserta su nombre

"(Nombre), déjame solo amarte. cuando adoras, déjame solo amarte. cuando solo eres, déjame solo amarte. Descansa y déjame solo amarte. no pienses en nada y solo sumérgete en MI presencia, en MI amor. Quiero abrazarte y amarte. Déjame abrazarte. Deja de pensar en qué hacer, solo déjame amarte."
Señor, nuestros corazones te anhelan pero algunos de nosotros tenemos temor a soltar.

¿A soltar que?
¿Dolor?
¿Amargura?
¿Vergüenza?
¿Frustración?
¿Porque?
Es más fácil aferrarse a esto y culpar a otros o circunstancias para no tomar posesión de nuestra tierra (nuestro corazón). Es lo que sabemos es familiar.

Señor, por los corazones que lloran por ti, ablanda los. Déjanos abrirte nuestro corazón, a tu amor para que pueda echa fuera todas las cosas inmundas. Ayúdanos a dejar ir, ayúdanos a dejar ir estas cosas que nos alejan de ti. Estas cosas que nos retienen de ti y de nuestro verdaderos seres en ti. Las cosas que nos mantienen de tu amor.

Recuérdanos nuestro deseo estar contigo, en ti siempre, estar en Tu presencia, para buscarte, contemplar Tu belleza, Señor recuérdanos que Tú eres nuestro enfoque. Y cuando lo dejamos ir para enfocar en Ti y permitirte amar nos, TODO está bien. Porque nos estás sosteniendo, porque nos estas protegiendo, Tu amor nos esta sanando, Tu amor nos esta perfeccionando en Tu imagen, Tu amor nos esta empoderando, Tu amor nos está haciendo completos, Tu amor nos esta purificándonos y Tu oh Señor nos guardas y lucha por nosotros mientras descansamos en tu amor.

Gracias Jesús, alabado seas Jesús.

Entrada de diario 9/1/2018: Yo Dejo que tu me Amaras Dejo que me Ames.

Yo te dejaré que me ames, Señor Yo te dejaré que me ames
Yo te dejaré que tu me limpies
Yo te dejaré que tu me perfecciones Yo te dejaré que me ames
Yo te voy a dejar
Yo te dejaré que me hagas completa, Jesús
Yo te dejaré que ames sobre mí Yo te dejaré amar me TODA
Yo quiero que me ames
Yo quiero estar en tu Amor, Señor
Yo quiero que tu derrames tu amor sobre mí. Yo te deseo, Señor Jesús
Yo te deseo
Todo lo que quiero es a ti
Todo lo que deseo eres tu
Tu eres el único que yo deseo, Señor
Es lo que yo deseo, estar en tu amor y en tu presencia todo los días, cada hora, cada segundo de mí vida Jesús
Conocerte, conocer tu amor; entonces yo digo Señor, Yo DEJARE QUE ME AMES
Yo te dejare que me ames, yo te dejare, Señor.

Entrada de diario 11/30/20 Ser amada por Amor

Realmente no hay nada como ser amada por Amor Es asombroso
Es salvaje
Es abrumador pero maravilloso Es alegre
Es puro
Es cálido pero vigorizante
O debería decir estimulante Señor ser amada por Amor
Ser amada por Ti
De verdad nada se compara. Nada Es lo más poderoso ser amada por Ti Ser amada por amor
Estar amada por amor
Encuentro mi paz Encuentro mi autoestima Todo mi ser se restaurada
Ser amada por Amor
Estoy completa hecha entera Ser amada por Amor
Estoy segura y audaz
Es como me vuelvo firme y determinada
Ser amada por Amor todo lo falso es destrozada
Todas las mentiras son borradas y me paro. Todo mi ser entero es lo que se queda
Ser amada por Amor
Solo una sonrisa enamorada se encontraría en mis labios.
Mis ojos brillan
Perdida en maravilla
Corazón en paz.

Declaraciones

Yo soy total y completamente Amada/o Yo soy conocida/o
Yo pertenezco
Yo soy digna/o
Yo importo y mi vida importa Yo soy capaz
Yo soy fuerte
Yo soy inteligente
Yo soy completa/o
Yo soy gozosa/o
Yo soy victoriosa/o
Yo soy sabia/o
Yo soy más que suficiente Yo soy valiosa/o
Yo soy la justicia de Cristo Yo soy confiada/o
Yo soy amada/o
Yo soy querida/o
Yo soy fructífera/o
Yo soy vencedora/o

Perdonar

Si estás luchando con perdonarte a ti mismo, o perdonar a alguien por ese asunto, aquí hay algo de ayuda. La lista empieza con perdonarse su mismo, y yo mencionamos algunas áreas comunes. Pero también pido que el Espíritu Santo vendrá a ti ahora mismo y recordarte o luchas o personas que no son mencionada en esta lista.

Esto es verbosidad para ayudarte. Diga lo alto:

Jesús, me perdono...
Por odiarme a mi misma/o
Por culparme a mi misma/o
Por se avergonzada/o de mi pasado Por se avergonzada/o de mi familia Por estar enojada/o
Por rechazarme
Por hacer__________ cuando supe que no debí haberlo hecho por
no quererme mi misma/o
Y Jesús te pido tu perdón y yo te agradezco por Tu perdón.

Acerca Del La Cobertura

Dios me dijo que Él quería dos corazones morados por la cobertura del libro, y cuando yo le investigue sobre esto. Me recordó de la medalla del el corazón Purpura que se presenta a los militares miembros del servicio que han resultado heridos o asesinados como resultado de la acción del enemigo. Dios me dijo "estas en batalla y has sido herida." Yo le pregunté, "¿Por qué dos corazones morados?" Él respondió, "El segundo es mío, porque yo también he sido herido."

Asombrada, recordé cómo Jesús verdaderamente fue herido de muerte.

El corazón más grande que tiene luz que irradiando de ella es su corazón, y su amor esta restaurando vida al otro corazón. ¡Cual es tu corazón y el mío!

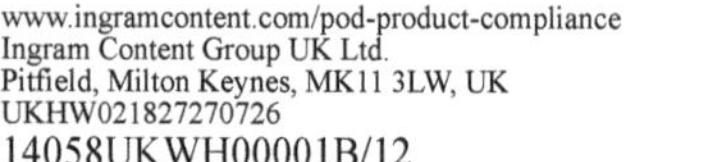

www.ingramcontent.com/pod-product-compliance
Ingram Content Group UK Ltd.
Pitfield, Milton Keynes, MK11 3LW, UK
UKHW021827270726
14058UKWH00001B/12

9 798986 306216